Kate Collins-Donnelly

Wie man den eigenen Stress bewältigt

Kate Collins-Donnelly

Wie man den eigenen Stress bewältigt

Ein Trainingsbuch in Stressmanagement für junge Menschen

Aus dem Englischen übersetzt und für deutsche Verhältnisse
bearbeitet von C. Wolfgang Müller

Tübingen
2019

Die Originalausgabe erschien unter dem Titel:
Starving the Stress Gremlin
A Cognitive Behavioural Therapy Workbook on Stress Management
for Young People

Bibliografische Information der Deutschen Nationalbibliothek
Die Deutsche Nationalbibliothek verzeichnet diese Publikation in
der Deutschen Nationalbibliografie; detaillierte bibliografische
Daten sind im Internet über http://dnb.d-nb.de abrufbar.

© 2019 dgvt-Verlag
Im Sudhaus
Hechinger Straße 203
72072 Tübingen

E-Mail: dgvt-Verlag@dgvt.de
Internet: www.dgvt-Verlag.de

Gestaltung, Satz und Umschlag: Julia Franke, Tübingen
Illustrationen für die deutsche Ausgabe: Adrien Ebner, Ammerbuch
Gesamtherstellung: CPI buch bücher GmbH, Birkach

ISBN 978-3-87159-263-8

Inhaltsverzeichnis

Warum ich dieses Buch geschrieben habe

Hallo! Mein Name ist Kate. Ich habe viele Jahre zusammen mit Kindern und jungen Menschen gearbeitet und sie in der Entwicklung ihrer Gefühle unterstützt. Ich habe auch mit Eltern sowie Erzieherinnen und Erzieher gearbeitet, um sie im Hinblick auf emotionale Probleme zu beraten, mit denen junge Menschen heutzutage konfrontiert sind.

Es ging dabei im Wesentlichen um das, was wir „Stressmanagement" nennen – eine offensichtlich inzwischen sehr häufig vorkommende Ausfallerscheinung, von der vor allem Menschen betroffen sind, die sich mehr zumuten, als sie im Augenblick leisten können – oder von denen mehr erwartet wird, als üblich und angemessen wäre.

Bei meinem Trainingsprogramm ist es immer wieder darum gegangen, die innewohnenden Kräfte von Betroffenen zu stärken und ihnen zu helfen, aufkommende Stresserscheinungen zu bekämpfen, und das heißt im Wesentlichen, fremde Anforderungen und eigenes Leistungsvermögen wieder in Einklang zu bringen.

Als ich dieses Trainingsbuch geschrieben habe, haben mich viele hier ungenannte junge Menschen unterstützt. Sie haben mir ihre Geschichten, ihre Gedanken und Gefühle erzählt und mir eine Menge konkreter Hinweise gegeben, damit ich das, was ihnen geholfen hat, auch an andere Menschen in ihrem Alter weitergeben kann. Ihnen allen möchte ich danken wie auch meinen Kolleginnen und Kollegen, die meine Arbeit begleitet und immer wieder auf die Notwendigkeit hingewiesen haben, dieses Thema zu behandeln. Besonders bedanke ich mich bei Maria für ihren unermüdlichen Beistand und für ihre wertvollen Anregungen.

Ich hoffe, dass die Leserinnen und Leser dieses Trainingsbuch interessant, lehrreich und auch unterhaltsam finden und dass es ihnen hilft, ihren Stress zu bewältigen.

Ich wünsche viel Glück bei diesem Vorhaben und Freude beim Lesen!

Kate Collins-Donnelly

Bemerkungen des Übersetzers

Dieses Trainingsbuch ist für junge Menschen (etwa zwischen 12 und 18 Jahren) gedacht, die unter einem dauernden Arbeits- und Leistungsdruck stehen, der gemeinhin als „Stress" bezeichnet wird. Inzwischen ist Stress eine Art Modekrankheit geworden und wir sollten vorsichtig sein, ihn bei uns selbst zu diagnostizieren. Aber wenn Eltern, Erzieherinnen und Erzieher, Lehrerinnen und Lehrer sowie Ärztinnen und Ärzte sorgenvoll die Stirn runzeln, weil wir bestimmte Ausfallerscheinungen zeigen, dann kann es an der Zeit sein, etwas dagegen zu tun. Für all diese Menschen hat Kate Collins-Donnelly, eine erfahrene englische Kinder- und Jugendtherapeutin, dieses Buch geschrieben. Sie hat erlebt, dass es stressgeplagte junge Menschen gibt, die durchaus in der Lage sind, unter Anleitung sich selbst zu helfen. Daher ist dieses Trainingsbuch nicht für Fachleute geschrieben, die mit jungen Menschen arbeiten, sondern für junge Menschen selbst.

Ich habe den Text gern übersetzt und dabei eine Menge über mich selbst gelernt. Aber ich habe auch gelernt, dass englische Kinder und junge Menschen in einer etwas anderen kulturellen und sozialen Welt leben als die Kinder und Jugendlichen bei uns. Aus diesen Gründen konnte ich den englischen Text nicht einfach wörtlich übersetzen, sondern ich habe versucht, auf unsere Verhältnisse sprachlich und auch im Hinblick auf die vorgestellten Beispiele Rücksicht zu nehmen. Die Stellen, an denen die Autorin Äußerungen der Kinder oder jungen Menschen wörtlich zitiert, mit denen sie zusammengearbeitet hat, habe ich selbstverständlich dem Originalton folgend wortgetreu übersetzt.

C. Wolfgang Müller
Professor em. für Sozialpädagogik und Erziehungswissenschaft
an der Technischen Universität Berlin

Informationen für Eltern und Erzieher

Was dieses Trainingsbuch bewirken soll

Ich habe dieses Buch geschrieben, weil ich als ausgebildete und praktizierende kognitive Verhaltenstherapeutin immer wieder mit der Aufgabe betraut werde, jungen Menschen zu helfen, mit ihrem Stress umzugehen. Ich habe das Buch so geschrieben, dass junge Menschen es eigenständig lesen und bearbeiten können. Sie können sich mit diesem Trainingsbuch aber auch mit Unterstützung ihrer Eltern oder professioneller Erzieher wie Lehrer, Mentoren, Schulassistenten und Schulsozialarbeiter auseinandersetzen.

Das Übungsmaterial, das ich vorstelle, basiert auf Prinzipien der kognitiven Verhaltenstherapie (KVT). Das bedeutet aber nicht, dass es nach dem Modell eines Sitzung für Sitzung aufgebauten Therapieprogramms gestaltet ist. Dennoch können auch professionelle Verhaltenstherapeuten das Material, das ich in diesem Buch verwende, für ihre therapeutische Arbeit nutzen.

Dabei ist bitte zu beachten, dass „Mein Stress-Fragebogen" in Kapitel 3 dazu dient, jungen Menschen ihren eigenen Stress besser kenntlich zu machen, er erfüllt jedoch keine diagnostischen Kriterien.

Was verstehen wir unter kognitiver Verhaltenstherapie?

Kognitive Verhaltenstherapie ist eine besondere, praktisch-orientierte, gut strukturierte und auf empirischen Erfahrungen beruhende Form innerhalb der Brandbreite von unterschiedlichen Psychotherapien. Sie stützt sich auf die ursprünglichen Erkenntnisse von Pawlow (Pawlow, 1927/1972) und Skinner (Skinner, 1938) über das klassische und im Einzelfall wirksame Ausprägen (Konditionieren) von Verhaltensprofilen und den damit verbundenen Gefühlen und ebenso auf die Arbeiten von Beck (1976) sowie Ellis (1962). Kognitive Verhaltenstherapie befasst sich insbesondere mit den Wechselbeziehungen zwischen unseren Gedanken, unseren Gefühlen und unseren Handlungen (Verhaltensweisen).

Sie basiert auf der begründeten Unterstellung, dass die Art und Weise, wie wir unsere Erfahrungen interpretieren, eine nachhaltige Wirkung auf unsere Gefühle und die damit verbundenen Handlungen ausüben kann. Ihr therapeutischer Ansatz befasst sich vor allem mit den drei folgenden Punkten:

1. Mit welchen Problemen sind unsere Klienten im Hier und Jetzt beschäftigt?
2. Gibt es bestimmte Zusammenhänge zwischen diesen Problemen und anderen Erfahrungen?
3. Welche Strategien können unsere Klienten entwickeln, um diese Probleme produktiv zu bearbeiten?

In der konkreten kommunikativen Zusammenarbeit geht es dabei im Wesentlichen darum, Klienten zu befähigen,

* negative, hinderliche und unrealistische Gedanken, Zukunftserwartungen und Glaubenssätze zu erkennen und zu hinterfragen
* unangepasste hinderliche Verhaltensprofile als solche zu erkennen
* die wechselseitigen Beziehungen zwischen ihren Problemen und Gedanken (Hoffnungen und/oder Befürchtungen) zu erkennen
* die augenblicklichen gedanklichen Muster und praktischen Verhaltensweisen als wenig hilfreich zu identifizieren und andere Gedanken und Verhaltensweisen zu erproben und zu festigen. Diese können auf konstruktive und realistische Weise helfen, bestehende Probleme und damit verbundene Emotionen zu bewältigen und auf diese Weise zum allgemeinen Wohlbefinden beizutragen.

Dahinter steht die allgemeine Hoffnung, dass wir alle prinzipiell in der Lage sind, die Art und Weise zu verändern, wie wir uns selbst sehen, wie wir uns fühlen, wie wir mit anderen Menschen kommunizieren und wie wir ganz allgemein gesprochen unser Leben anpacken. Auf diese Weise – das ist die Hoffnung – können wir abwärts gerichtete Spiralen negativer Sicht- und Verhaltensweisen durch produktive Aufwärtsbewegungen ersetzen.

Forschungen aus der Praxis haben gezeigt, dass dieser Ansatz kognitiver Verhaltenstherapien besonders gut geeignet ist, tiefer greifende Ängste zu bearbeiten. Das Nationale Institut für Klinischen Fortschritt (NICE, National Institute for Health and Care Excellence) hat in Veröffentlichungen aus dem Jahr 2005 kognitive Verhaltenstherapien für eine Reihe von psychischen Krankheitsverläufen empfohlen, insbesondere im Hinblick auf Depressionen (NICE, 2005a, 2005b).

Bisher ist der kognitive therapeutische Ansatz noch nicht besonders häufig bei Kindern und Jugendlichen angewandt worden. Zunehmende Erfahrungen mit dieser Altersgruppe scheinen allerdings zu zeigen, dass diese verhaltenstherapeutische Arbeitsform erfolgsversprechend ist.[1]

[1] Im englischen Original werden zur Unterstützung dieser Aussage sechs unterschiedliche empirische Untersuchungen aus den Jahren zwischen 1998 und 2004 genannt, die für deutsche Verhältnisse wenig Relevanz besitzen.

Einleitung

Hast du in letzter Zeit häufig das Gefühl, unter Druck zu stehen?

Hast du häufig das Gefühl, dass du dich in Situationen befindest, denen du nicht gewachsen bist?

Gibt es Sachen, die du wegschiebst oder verdrängst, wenn du dich unter Druck fühlst?

Wenn du unter Druck stehst, hast du dann häufig das Gefühl, dass du nicht mehr deine Reaktionen in der Hand hast?

Wenn du unter Druck stehst, fühlst du dich dann krank? Hast du Kopfschmerzen? Bist du appetitlos? Hast du Schwierigkeiten beim Einschlafen, wachst du zwischendurch auf?

Wenn du auch nur auf eine dieser Fragen mit Ja geantwortet hast, dann kann dieses Buch dir helfen, mit deiner Situation besser fertigzuwerden!

In meinem Trainingsbuch findest du eine große Anzahl an Informationen und Übungen, die dir helfen können, die Situationen zu verstehen, in denen du in Stress gerätst, und Alternativen zu entwickeln, die dich entspannen.

Die Strategien dieses Buches entstammen einer Therapieform, die unser Handeln in einem engen Zusammenhang mit unseren Gedanken und Gefühlen sieht und versucht, diesen Zusammenhang zu benutzen, um durch neue Sichtweisen auf uns, auf unsere Umwelt und auf unser Leben Ängste abzubauen und Zuversicht in die eigenen Kräfte zu entwickeln.

Denken

Fühlen

Handeln

Denken, Fühlen (physisch und emotional) und Handeln stehen offensichtlich in einem engen wechselseitigen Zusammenhang. Dabei ist es nicht nur so, dass wir so fühlen, wie wir denken und handeln, sondern dass wir auch so denken und fühlen, wie wir in der Vergangenheit mehr oder weniger erfolgreich gehandelt haben. Unser Handeln ist also nicht nur ein Produkt unseres Denkens und Fühlens. Sondern auch umgekehrt: Unser Denken und Fühlen kann das Ergebnis unseres Handelns sein und es kann durch dieses Handeln verändert werden.

Diese hier angedeuteten Zusammenhänge sind von Mensch zu Mensch unterschiedlich entwickelt und ausgeprägt. Stress, unter dem viele von uns leiden, ist nicht nur von Fall zu Fall anders ausgeprägt, sondern er hat von Fall zu Fall auch unterschiedliche Ursachen und unterschiedliche Wirkungen. Ich werde in diesem Trainingsbuch auf die verschiedenen Zusammenhänge eingehen. Das Buch erfordert deshalb einiges an Zeit und intensiver Arbeit.

Am meisten hast du von diesem Buch, wenn du es Seite für Seite durcharbeitest. Aber wenn du im Inhaltsverzeichnis auf ein Thema stößt, das dich im Augenblick besonders interessiert, dann bist du selbstverständlich frei, zunächst damit zu beginnen. Zu den anderen Kapiteln des Buches kannst du später immer noch zurückkehren. Es kann dabei auch passieren, dass du bei der Arbeit mit diesem Trainingsbuch auf persönliche Probleme stößt, die dir bisher verborgen geblieben waren. Wenn das der Fall ist, dann wäre es gut, wenn du mit einer Person deines Vertrauens sprechen könntest – wie deiner Mutter, deinem Vater, einem anderen Mitglied der Familie, jemand aus deinem Freundeskreis oder aus der Lehrerschaft deiner Schule wie auch einer Person aus der Sozialarbeit oder einer Beratungsstelle.

1 Was bedeutet Stress?

Um mit Stress umgehen zu können, ist es als erster Schritt hilfreich zu klären, was wir unter Stress verstehen. Meine erste noch sehr allgemeine Antwort lautet: Wir erleben Stress als eine dauerhafte Bedrohung unseres Wohlbefindens und reagieren darauf seit mehr als hunderttausend Jahren immer wieder auf die gleiche Art und Weise: *Wir kämpfen, wir flüchten oder wir stellen uns tot.*

Um diese drei Möglichkeiten zu verstehen, mit denen wir auf Bedrohungen unseres Wohlbefindens reagieren, müssen wir uns etwa hunderttausend Jahre zurückversetzen in die Zeit, als die sogenannten Neandertaler lebten. Vor dem Eis, das damals unsere Täler und Berge bedeckte, hatten sie sich in Höhlen zurückgezogen, sie ernährten sich von wilden Beeren und kleinen Beutetieren, die sie in Fallen fingen und mit Faustkeilen erlegten. Ihre bedrohlichsten Feinde waren damals Höhlenbären und Säbelzahntiger. Stell dir nun vor, du sitzt mit deiner großen Familie vor eurer Höhle zusammen und ihr bereitet gerade ein Kaninchen für das gemeinsame Essen zu. Plötzlich ruft einer aus deiner Sippe: „Dreh dich schnell um! Da ist einer!" Und in der Tat: Hinter dir hat sich ein erwachsener Säbelzahntiger herangeschlichen und setzt zum Sprung an.

Was, glaubst du, geht in diesem Augenblick in dem Neandertaler vor? Wie wird er reagieren? Wie wird er versuchen, der offensichtlich tödlichen Bedrohung zu entgehen?

Wahrscheinlich wirst du in die Gedankenblase etwas geschrieben haben, was darauf hinweist, dass der Neandertaler zu Tode erschrocken gewesen sein muss und nur den einen Gedanken im Kopf hatte, wie er die tödliche Bedrohung überleben kann. Richtig! Und was glaubst du, welche der folgenden körperlichen Veränderungen angesichts der tödlichen Gefahr in unserem Neandertaler stattgefunden haben könnten:

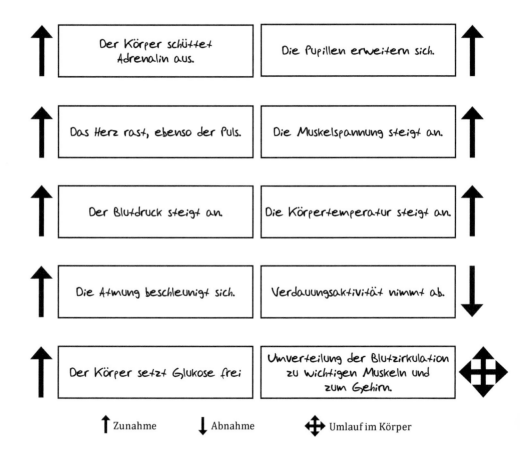

Das sind die körperlichen Erscheinungsweisen, die schon vor hunderttausend Jahren bei dem Neandertaler auftauchten, der sich plötzlich einem Säbelzahntiger gegenüber sah. All diese blitzschnellen körperlichen Veränderungen sollten damals und sollen auch heute noch Folgendes bewirken:

Allgemein gesprochen: Die blitzschnellen und von keinem Gedanken beein-
flussten Körperreaktionen sollen uns in die Lage versetzen, eine der drei
Überlebensstrategien automatisch anzuwenden:

* zu kämpfen und den Gegner zu besiegen
* vor dem Gegner zu flüchten
* sich tot zu stellen und dem Gegner den Eindruck zu vermitteln, wir wären
  keine lohnende Beute.

Das sind die drei Überlebenstechniken, die sich bis auf unsere Tage erhalten
haben: kämpfen, flüchten oder sich tot stellen.

Aber was hat das alles mit Stress zu tun?

Zugegeben: Die Alternative zu kämpfen, zu flüchten oder sich tot zu stellen mag
in wirklich lebensbedrohlichen Situationen eine vernünftige Reaktion sein.
Aber eben nur in wirklich lebensbedrohlichen Situationen! In unserem alltäglichen Leben, in dem ja nicht jeden Tag unser Leben bedroht wird, können uns
die drei Reaktionen in zweierlei Hinsicht Schwierigkeiten bereiten:

1. Wenn wir jede noch so alltägliche Aufgabe und Herausforderung als eine
   tödliche Bedrohung ansehen und so reagieren, als müssten wir kämpfen,
   flüchten oder uns tot stellen.
2. Wenn wir immer wieder von Neuem glauben, dass uns gestellte Aufgaben
   über unsere Kräfte gehen, und wir schließlich den Eindruck gewinnen, wir
   seien zu überhaupt nichts mehr nutze.

Punkt 1:
Wenn wir jede noch so alltägliche Auf-
gabe und Herausforderung als eine
tödliche Bedrohung ansehen und so
reagieren, als müssten wir kämpfen,
flüchten oder uns tot stellen:

Eine solche Situation taucht auf, wenn
wir uns von einer eigentlich alltäglichen
Aufgabe ins Bockshorn jagen lassen.
Es könnte sein, dass dir die nächste
Klassenarbeit so vorkommt, als hinge

Das ist doch nur eine Klassenarbeit und kein Kampf ums Überleben!

von ihrem Ergebnis dein Überleben ab. Es könnte sein, dass du dabei Gedanken
hast wie diese: „Oh Gott, was soll ich nur machen, wenn ich die Prüfung ver-
haue!" oder: „Wenn ich mit dieser Hausarbeit scheitere, kann ich mich nirgends
mehr sehen lassen, das ist das Ende."

Jetzt frage ich dich: Was passiert eigentlich in deinem Körper, wenn du
solche Gedanken hast? Ja, genau: Du reagierst auf diese eigentlich ganz nor-
male Situation so, als müsstest du kämpfen, flüchten oder dich tot stellen!

Wenn du auf diese Weise reagierst, dann sendest du deinem Körper einen
falschen Alarm, einen Alarm, der eigentlich nur für wirklich lebensbedrohliche
Situationen gedacht ist. Unglücklicherweise ist unser Körper aber nicht darauf
vorbereitet, um regelmäßig Fehlalarme zu durchlaufen. Dieser Alarmzustand
ist eigentlich nur für kurze Momente und extrem seltene Situationen vorgese-
hen. Wenn du diesem falschen Alarm nachgibst, setzt du dich folglich unter
einen Dauerdruck, den wir als Stress bezeichnen.

Punkt 2:
Wenn wir immer wieder von Neuem glauben, dass uns gestellte Aufgaben
über unsere Kräfte gehen und wir schließlich den Eindruck gewinnen,
wir seien zu überhaupt nichts mehr nutze:

Jeder von uns macht im Leben Erfahrungen mit schwierigen Situationen. In
der Regel können wir damit auf die eine oder andere Weise fertigwerden. Wenn
sich aber solche Situationen häufen und wir mit unseren Reaktionen Schiffbruch
erleiden, dann kann es passieren, dass wir diese Häufung als so lebensbedroh-
lich ansehen, dass wir zu der schweren Waffe „kämpfen, flüchten oder sich tot
stellen" greifen.

Das aber verbraucht unsere Kräfte, die wir eigentlich nötig hätten, um jede dieser alltäglichen Probleme einzeln und nacheinander erfolgreich lösen zu können. Ich will es allgemein formulieren:

Wir setzen uns und unseren Körper unter einen dauerhaften Druck, wenn wir glauben, einzelne oder eine Reihe von einzelnen Aufgaben nicht mehr bewältigen zu können,

* weil wir diese Aufgaben als wesentlich schlimmer ansehen, als sie es wirklich sind
* weil wir die Häufung unterschiedlicher kleinerer Aufgaben als so bedrohlich empfinden wie einen Berg, den wir niemals im Leben erklimmen können.

Das, was du dann als Reaktion auf diese beiden möglichen Situationen erlebst, nennen wir Stress. Dieser Stress hat eine Reihe von unterschiedlichen Begleiterscheinungen:

Probleme im Denken und Urteilen	Probleme körperlicher Art
Gedächtnislücken, Konzentrationsschwächen, Verfolgungsängste, negative Selbstwertgefühle, unrealistische Vorstellungen über Erwartungen an sich selbst, voreilig Schlüsse ziehen, immer an den schlimmsten Fall denken, „was wäre, wenn?", Selbstmitleid bis hin zur Selbstmordgedanken, immer wieder sich mit anderen vergleichen, unrealistische Wahrnehmung von Situationen, immer wieder das Schlimmste befürchten, positive Aspekte eigenen Handelns ausblenden.	Schwitzen, Kopfweh, Haarausfall, Schwindelgefühle, Brechreiz, rote Flecken im Gesicht, Trockenheit im Mund, Kloß im Hals, Hitzewellen, Atemnot, Herzrasen, Herzstiche, Brustschmerzen, Veränderung des Körpergewichts, Verdauungsprobleme, Magenschmerzen, Hautausschlag, Appetitlosigkeit, Gummibeine, Zittern, Ohnmachtsanfälle, Dauermüdigkeit, nervöse Zuckungen, Muskelschmerzen, Zähneknirschen, wiederholter Harndrang, Schlafstörungen.

Probleme im Verhalten

Vermeidungsstrategien, Dinge auf die lange Bank schieben, Heißhunger entwickeln, Mahlzeiten auslassen, Erbrechen nach Mahlzeiten, gehäuft Fehler machen, unüberlegt handeln, aggressiv reagieren, Angst, das Haus zu verlassen, mehr oder weniger als sonst zu schlafen, Menschen aus dem Wege gehen, erhöhter Alkoholkonsum, Medikamente oder andere Drogen nehmen, rauchen, übertrieben Sport machen, sich selbst verletzen, Schule schwänzen, Probleme einfach nicht wahrnehmen, immer wieder in Schwierigkeiten kommen, eigene Gefühle anderen zuschreiben, Ärger anhäufen, stottern, Wortwahlschwierigkeiten, Dinge tun, um die Aufmerksamkeit anderer zu gewinnen, unsoziale oder kriminelle Verhaltensweisen.

Probleme im Gefühlsbereich

Schnell aufgebracht sein, Gefühl der Wertlosigkeit, Mut- und Antriebslosigkeit, geringes Selbstvertrauen, geringer Selbstwert, sich immer unter Druck fühlen, Gefühl, überwältigt zu werden, Ärger, Wut, Einsamkeit, Panik, Schuldgefühle, leichte Irritierbarkeit, sich in die Ecke gedrängt fühlen, dauerhafte Unsicherheit, Nervosität, Konfusion, Kontrollverlust, Furchtsamkeit, Unfähigkeit, sich zu freuen oder Interesse zu zeigen, Hoffnungslosigkeit, Taubheit, Übersensibilität, übersteigerte Selbstkritik, Selbstzweifel, Defensivhaltung, gesteigertes Misstrauen, Frustrationen.

Das ist eine ziemlich umfangreiche Aufzählung mit einer Fülle an Ausfallerscheinungen, die unseren Körper, unser Denken, unser Fühlen und unser Handeln betreffen. Sie *können* in einem Zusammenhang mit dem auftreten, was wir Stress nennen, sie müssen es aber nicht. Ich habe sie zusammengestellt, um dir einen allgemeinen Überblick über die möglichen Erscheinungsformen und Auswirkungen von Stress zu verschaffen. Was für dich im Einzelfall zutreffen mag oder auch nicht, das werden wir in den folgenden Kapiteln versuchen zu klären. In einem zweiten Schritt wird es aber zunächst im folgenden Kapitel darum gehen zu erkennen, dass du nicht allein Stress erlebst.

2 Du bist nicht allein: Wie andere junge Menschen auf Stress reagieren

Was die Forschung sagt

In den letzten Jahrzehnten hat es empirische Untersuchungen über das Auftreten, die Erscheinungen und die Auswirkungen von Stresserfahrungen einzelner Menschen wie auch Personengruppen gegeben, wobei die Stresserfahrungen von berufstätigen Erwachsenen im Vordergrund standen. Stress bei Kindern und jungen Menschen war weniger Gegenstand wissenschaftlicher Forschung. Wenn aber Kinder und Jugendliche im persönlichen Gespräch oder mit einem standardisierten Fragebogen zu diesem Thema interviewt worden sind, kam Folgendes zur Sprache:

Stress wird oft von jungen Menschen erlebt und nimmt zu. Beispielsweise fand eine nordamerikanische Studie, die 2009 veröffentlicht worden ist, heraus, dass 12 % der 11- bis 13-Jährigen und 27 % der 14- bis 16-Jährigen die Frage bejahten, ob sie sich die meiste Zeit ihres Alltags unter Stress gesetzt fühlten (NSPCC, 2009).	Quellen von Stress bei Kindern und jungen Menschen sind * Sorgen um die Schulkarriere * Sorgen über Familienbeziehungen * Probleme zu Hause * Freundschaftsfragen * Verliebtsein * Mobbing * Körperliche Veränderungen in und nach der Pubertät.

Situationen, die andere junge Menschen erzählt haben

Ich selbst habe in der jahrelangen Zusammenarbeit mit Kindern und Jugendlichen eine Menge persönlicher Geschichten gehört und aufgeschrieben, einige möchte ich hier mitteilen:

„Immer denke ich, ich muss perfekt sein. Dabei gerate ich immer wieder unter Stress. Keine Nacht kann ich richtig durchschlafen, weil ich Angst habe, nicht gut genug zu sein." (Susie, 10 Jahre alt)

„Meine Mutter ist sehr krank. Ich muss deshalb eine Menge im Haus machen, um meinen Vater zu unterstützen. Das macht mir nichts aus, aber ich fühle mich doch die meiste Zeit sehr gestresst, weil ich Schwierigkeiten habe, die Hausarbeit mit meinem Studium an der Hochschule zu verbinden." (Tricia, 17 Jahre alt)

„Seit Langem leide ich unter Stress und fühle mich dabei immer schrecklich. Ich fühle mich ganz krank und an den Rand gedrängt. Das wirkt sich auch auf meine Freunde aus, die ich dann häufig mies behandele." (Pete, 16 Jahre alt)

„Meine Eltern haben ziemlich hohe Erwartungen und ich arbeite hart für gute Zensuren in der Schule und bei Vereinssachen außerhalb der Schule. Aber es ist eben alles zu viel. Häufig habe ich das Gefühl, dass ich all dem Druck nicht standhalten kann." (Becky, 14 Jahre alt)

„Ich fühl mich echt nutzlos. Keine Sache kann ich richtig zu Ende bringen. Alles setzt mich richtig unter Stress." (Marlon, 11 Jahre alt)

„Mutter und Vater streiten sich dauernd. Ich liebe die Schule, aber ich hasse es, am Abend nach Hause zu kommen. Die Atmosphäre zu Hause ist so stressig, dass ich nie weiß, was mich erwartet, wenn ich die Haustüre öffne." (Phil, 13 Jahre alt)

„Ich habe jetzt mein Zuhause und die Schule gewechselt, weil mein Vater einen neuen Job angenommen hat. Es ist wirklich stressig, mich anzupassen und neue Freunde zu gewinnen. Ich habe mir vorgenommen, mich damit abzufinden, jemand zu sein, den keiner mag. Aber ich kann diese Vorstellung nicht länger durchhalten." (Sammie, 12 Jahre alt)

„Ich hab alles versucht, um die Schule zu schwänzen, weil ich mich immer unter Stress gesetzt fühlte, wenn ich dort war. Ich habe eine Leseschwäche und deshalb Schwierigkeiten, in der Klasse mitzukommen. Ich bin deswegen auch schon häufig gemobbt worden." (Jess, 17 Jahre alt)

Hast du bei der einen oder anderen Geschichte Ähnlichkeiten festgestellt? Mache dir deshalb keine Sorgen, denn du kannst deinen Stress unter Kontrolle bringen, genauso wie es diese jungen Menschen geschafft haben. Dazu ist es notwendig, einen dritten Schritt zu machen und dabei mehr über deinen eigenen Stress zu erfahren. Dazu dient der Fragebogen, den ich im nächsten Kapitel vorstelle.

3 Den eigenen Stress kennenlernen

Mein Stress-Fragebogen

1. Wie oft fühlst du dich unter Stress?

Bitte kreuze an, welche der vorgegebenen Antwortmöglichkeiten auf dich zutrifft:

- [ ] eigentlich die meiste Zeit
- [ ] öfters
- [ ] manchmal
- [ ] selten
- [ ] niemals

2. Bitte mache dir Gedanken über die folgenden möglichen Quellen für Stresser-scheinungen. Bewerte sie auf einer Skala zwischen 0 und 10, wobei 0 bedeutet, dass sie deiner Meinung nach keinesfalls Stress erzeugend sind, während 10 bedeutet, dass sie immer wieder sehr viel Stress bewirken.

Mögliche Quellen	Einschät-zung 0–10	Mögliche Quellen	Einschät-zung 0–10
Situation in der Schule		Meine Arbeit	
Situation in der Familie		Verliebtsein	
Freundschaften mit Gleichaltrigen		Was andere von mir halten	
Mobbing		Veränderungen in meinem Alltag	
Falsche Selbsteinschätzungen		Druck, den Gleichaltrige auf mich ausüben	
Gedanken über meine Zukunft		Verhalten anderer	
Gesundheitsprobleme von Bekannten		Mein Gesundheitszustand	
Meine Pflichten im Alltag		Meine Wohnverhältnisse	
Kriminalität und Sicherheit		Umgang mit neuen Medien	
Internationale Politik und Weltlage		Examen	

3. *Denke bitte darüber nach, was in deinem Körper geschieht, wenn du dich unter Stress gesetzt fühlst. Schraffiere bitte die Kästen mit den einzelnen Erscheinungsformen.*

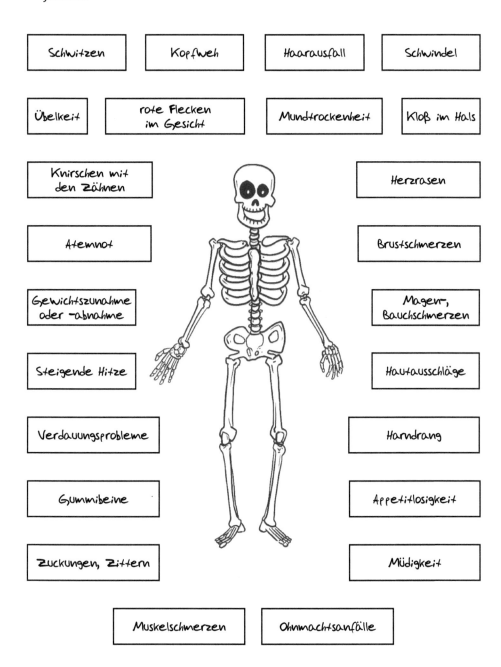

Schwitzen

Kopfweh

Haarausfall

Schwindel

Übelkeit

rote Flecken im Gesicht

Mundtrockenheit

Kloß im Hals

Knirschen mit den Zähnen

Herzrasen

Atemnot

Brustschmerzen

Gewichtszunahme oder -abnahme

Magen-, Bauchschmerzen

Steigende Hitze

Hautausschläge

Verdauungsprobleme

Harndrang

Gummibeine

Appetitlosigkeit

Zuckungen, Zittern

Müdigkeit

Muskelschmerzen

Ohnmachtsanfälle

4. *Wenn du unter Stress stehst: Kommt dir dann der eine oder andere der folgenden angeführten Gedanken? Wenn das der Fall ist, dann schraffiere bitte den entsprechenden Kasten.*

Ich denke lauter negative Sachen über mich.	Ich frage mich, was könnte mir alles noch Schreckliches passieren.
Ich denke oft, „was wäre, wenn…"	Ich denke manchmal darüber nach, mich selbst zu verletzen.
Ich denke immer wieder über die schlimmsten Fälle nach, die mir passieren könnten.	Ich fordere von mir selbst Dinge, die eigentlich unmöglich sind.
Ich vergleiche mich immer wieder mit anderen und ziehe dabei den Kürzeren.	Ich befürchte immer wieder schlimme Dinge, die sich dann nicht wirklich ereignen.
Ich ziehe voreilig Schlüsse.	Ich erblicke in jeder Situation immer nur das Negative.
Ich mache mir unrealistische Vorstellungen von meiner Lage.	Ich bausche Sachen riesengroß auf.
Ich zweifle an mir selbst.	Ich denke immer wieder: „Das kann ich doch nicht!"

5. *Passiert es dir immer wieder, dass du unter Stress auf die eine oder andere folgende Weise dich verhältst?*

Bitte markiere dieses Verhalten mit einem Kreuz.

- [ ] Ich mache einen Bogen um bestimmte Dinge.
- [ ] Ich verletze mich selbst.
- [ ] Ich mache blöde Sachen, um andere auf mich aufmerksam zu machen.
- [ ] Ich staue meine Angst oder meinen Ärger innerlich an, bis das Fass überläuft.
- [ ] Ich traue mich nicht aus meinem Bett.
- [ ] Ich schiebe Sachen auf die lange Bank, die mir Schwierigkeiten bereiten könnten.
- [ ] Ich vermeide den Kontakt mit anderen Personen, beispielsweise mit meiner Familie oder mit Freunden.
- [ ] Ich bestreite, dass ich ein Problem habe.
- [ ] Ich vermeide es, Entscheidungen zu treffen.
- [ ] Ich nehme an Saufgelagen teil.
- [ ] Ich trinke heimlich Alkohol.
- [ ] Ich werfe mir immer wieder eine Pille ein.
- [ ] Ich mache Fehler, die mir sonst nie passieren.
- [ ] Sehenden Augen mache ich Sachen, von denen ich weiß, dass sie mir Ärger bereiten.
- [ ] Ich schwänze die Schule.
- [ ] Ich heule heimlich in mein Kissen.
- [ ] Ich reagiere aggressiv auf manche Kleinigkeiten.
- [ ] Ich traue mich nicht aus dem Haus.
- [ ] Ich bin manchmal blind gegenüber meinen Problemen.
- [ ] Ich habe keinen Hunger und schiebe mein Essen weg.
- [ ] Ich rauche.
- [ ] Ich mache Sachen, die verboten sind und bestraft werden.
- [ ] Nach dem Essen stecke ich häufig einen Finger in den Mund, um mich zu übergeben.
- [ ] Ich blende aus, wie ich mich bei anderen fühle.
- [ ] Ich befolge in übertriebener Weise Gewohnheiten oder Rituale.

6. *Hast du an dir selbst noch weitere Verhaltensweisen bemerkt, wenn du unter Stress stehst? Notiere sie hier bitte.*

....

....

....

7. *Wie fühlst du dich ganz allgemein, wenn du unter Stress stehst? Bitte schraffiere die entsprechenden Gefühle.*

- Ich bin aufgebracht.
- Ich fühle mich wertlos.
- Ich bin aufgeregt.
- Ich fühle mich niedergeschlagen
- Ich habe kein Vertrauen.
- Ich fühle mich unter Druck.
- Ich fühle mich unterlegen.
- Ich bin wütend.
- Ich bin traurig.
- Ich fühle mich einsam.
- Ich fühle mich schuldig.
- Ich fühle mich unsicher.
- Ich bin verwirrt.
- Ich gerate in Panik.
- Ich weiß nicht mehr, was los ist.
- Ich bin nervös.
- Ich fühle mich an den Rand gedrängt.
- Ich habe die Kontrolle verloren.
- Ich fühle mich schrecklich.
- Ich fühle mich als Versager.
- Ich bin unglücklich.
- Ich bin voller Angst.
- Dauernd muss ich mich verteidigen.
- Ich misstraue den anderen.
- Ich fühle mich wie in einer Falle.

8. *Wenn du die einzelnen Gefühle, Gedanken und Verhaltensweisen anschaust, die du bisher schraffiert oder angekreuzt hast, wie beeinflussen sie die folgenden Bereiche deines alltäglichen Lebens? Markiere bitte die Bereiche, die vom Stress betroffen sind.*

Stress betrifft meine Gesundheit.	Stress betrifft mein seelisches Wohlbefinden.
Stress betrifft meine Beziehungen in der Familie.	Stress betrifft meine Beziehungen zu Freundinnen und Freunden.
Stress betrifft meine Leistungen in der Schule/in der Arbeit/ in der Freizeit.	
Stress betrifft meine Bereitschaft, mich auf Dinge einzulassen.	Stress betrifft meine Liebesbeziehungen.
Stress betrifft meine Fähigkeit, mich zu konzentrieren.	Stress betrifft mein Erinnerungsvermögen.

Wenn du auf diesem Fragebogen viele Dinge angekreuzt hast, die du als Stress erlebst, dann mach dir bitte keine neuen negativen Gedanken. Ich möchte dich daran erinnern: Je mehr du über deinen Stress erfährst und darüber, was er mit dir macht, umso mehr kannst du die negativen Auswirkungen von Stress unter Kontrolle bekommen.

Jetzt lass uns einfach mal Atem holen und überlegen, wie wir uns Stress auf eine andere, schöpferische Weise vorstellen und wie wir ihn beschreiben können.

Auf der nächsten Seite habe ich einen Freiraum gelassen, den du ausfüllen kannst, um dir ein Bild von deinem Stress zu machen.

* Du kannst Farbstifte nehmen und ein Bild von deinem Stress zeichnen.
* Du kannst ein Lied über deinen Stress schreiben, über ihn rappen.
* Du kannst ein Gedicht über deinen Stress verfassen.
* Du kannst eine Kurzgeschichte/ein Theaterstück über deine Beziehung zu ihm schreiben.
* Du kannst Blogbeiträge über ihn schreiben.
* Du kannst ein Foto oder eine Fotoserien über ihn machen oder eine Fotografie aus einer Zeitschrift ausschneiden, die dir passend zu deinem Stress erscheint.

* Du kannst Ideen aufschreiben/zeichnen für einen Kurzfilm über ihn.
* Du kannst Ideen aufschreiben/zeichnen für ein Tanzstück über ihn.

Um dir weitere Anregungen zu geben, habe ich drei Beispiele ausgewählt, in denen junge Menschen auf ihre Weise ihren Stress beschreiben, du findest sie auf der nächsten Seite.

So stelle ich mir meinen Stress vor:

Carla, 16 Jahre alt, hat ihren Stress in Form eines Gedichtes gepackt.

Mein Stress

Mein Stress, der ist ein Ärger
Der mich durchs Leben führt
Ein schrecklicher Begleiter
Der neuen Schmerz gebiert.

Was immer ich versuche
Um wieder frei zu sein
Er hängt an meiner Schulter
Und lässt mich nicht allein.

Wann immer ich entfliehe
Er schneidet mir ins Herz
Ach könnt ich ihn besiegen
Beenden meinen Schmerz!

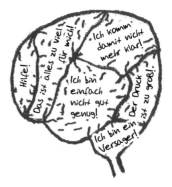

Dave, 13 Jahre alt, hat seinen Stress als schieläugiges Monster gezeichnet.

Michelle, 14 Jahre alt, hat eine Art Mischung zwischen Kopf/Gehirn und einem Ballon gemalt mit Inschriften.

Nachdem du dir ein Bild von deinem Stress gemacht hast und auch erfahren hast, dass nicht nur du Stress empfindest, werden wir uns im nächsten, vierten Schritt überlegen, warum und unter welchen Umständen Stress auftaucht und uns kleiner macht, als wir in Wirklichkeit sind.

4 Vom Stress zu einzelnen Stressoren

In dem zurückliegenden Kapitel haben wir geschaut, welche Erfahrungen du mit Stress gemacht hast und wie er verschiedene Sachen mit dir macht, die unangenehm, vielleicht sogar bedrohlich sind und dir das Leben schwer machen. Jetzt wollen wir uns einmal ansehen, unter welchen Umständen und in welchen Bereichen der Stress bevorzugt auftaucht. Dabei ist es nützlich, nicht mehr allgemein über den „Stress" zu sprechen, sondern einzelne Erscheinungsformen von Stress näher zu betrachten. Diese einzelnen Erscheinungsformen nennen wir „Stressoren". Solche Stressoren brauchen einen bestimmten Nährboden, der für sie besonders günstig ist – so günstig wie ungelüftete und ungewaschene Bettwäsche für Hausmilben oder andere kleine Tierchen, die uns nächtlichen Juckreiz verursachen. Wo können Stressoren auftauchen?

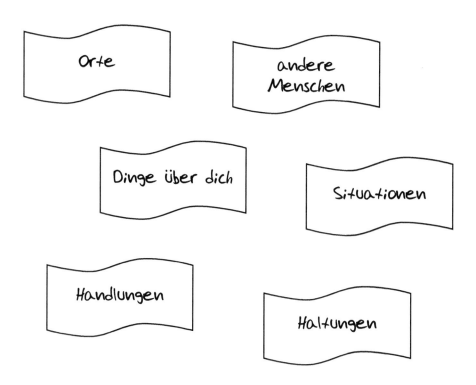

Eine andere Möglichkeit, Stressoren zu lokalisieren, besteht darin, zwischen internen und externen Stressoren zu unterscheiden.

Interne Stressoren	Externe Stressoren
Sie stecken in uns, wie beispielsweise unser körperliches Befinden, unsere Krankheiten, unsere seelische Gesundheit oder andere Dinge, die mit unseren Gefühlen zu tun haben.	Sie beeinflussen uns von außen, wie beispielsweise Ereignisse, besondere Aufgaben, allgemeine Lebensumstände, Orte, Menschen, die uns immer wieder herausfordern und anderes.

Wo Stressoren herkommen

Ich habe dir im Folgenden eine Liste von möglichen Stressoren aufgeschrieben, die entweder von innen kommen (also aus dir heraus) oder von außen (also auf dich zu).

Bitte entscheide, ob ein möglicher Stressor seinen Ausgangspunkt in dir oder außerhalb von dir nimmt. Markiere dies bitte mit einem i (innen) oder a (außen).

Stressor	a oder i	Stressor	a oder i
Eigene Krankheiten		Schmerzen haben	
Ich werde niedergemacht		Veränderungen im Leben	
Meine Schule/ Ausbildung		Beziehungen	
Ich halte nicht viel von mir		Konflikte	
Pubertät		Kriminalität und Sicherheit	
Meine Eltern haben sich getrennt		Mobbing	
		Examen, Prüfungen	

Stressor	a oder i	Stressor	a oder i
Selbsterwartungen		Müdigkeit	
Ich bin arbeitslos		körperlich beeinträchtigt sein	
Niedergeschlagenheit		Medienwelt	
Wir ziehen um		Meine Gruppe setzt mich unter Druck	
Andere erwarten zu viel von mir		Der Tod eines Freundes oder einer Freundin	
Lärm		Verpflichtungen gegenüber anderen	
Andere Menschen und ihr Verhalten		Außerschulische Aktivitäten	
Meine Arbeit		Homophobie	
Meine Sexualität		Rassismus	
Geldsorgen		Meine Eltern stehen unter Druck	
Arbeitsbelastung			
Wie ich aussehe		Regeln und Gesetze	

Es kann sein, dass bei einigen dieser Erscheinungen schwer zu unterscheiden ist, ob sie ausschließlich eine innere Ursache oder ausschließlich eine Außenursache haben. Beide stehen häufig in einer Wechselbeziehung. Bitte sieh dir die Liste noch einmal an und entscheide in einem zweiten Durchgang, ob die einzelnen Begriffe möglicherweise sowohl eine Innen- als auch eine Außenursache haben (dann bitte mit i und a markieren). Im Übrigen findest du die Zuordnungen, die ich selbst für angemessen halte, am Ende dieses Trainingsbuches im Anhang auf S. 93.

Wir unterscheiden uns in dem, was uns stressbeladen erscheint. Jemand empfindet etwas als Stress, ein anderer sieht darin eine positive Herausforderung oder etwas angenehm Aufregendes.

Warum gibt es Unterschiede beim Stressempfinden?

Stressoren brauchen Futter!

Stressor ist hungrig ➞ Stressor braucht Futter ➞ Stressor hat sich gemästet

Gedanken
Glaubenssätze
Befürchtungen

Ich schaffe es nicht!

Ich breche in Tränen aus!

Mir ist übel!

Die Ansicht ist weit verbreitet, dass Stressoren Stress verursachen und uns aktiv stressen, sodass wir keinerlei Kontrolle darüber haben, ob wir gestresst werden oder nicht. Aber wenn dem so wäre, dann wären wir ja den Stressoren hilflos ausgeliefert und könnten nichts gegen sie unternehmen.

Wir dürfen uns Stressoren nicht als persönliche Gegner vorstellen, die nur darauf warten, sich mit unseren Befürchtungen und Ängsten zu mästen. Stressoren sind lediglich Auslöser für Prozesse in uns und um uns, die in ihrer Verstärkung das verursachen, was wir gemeinhin als „Stress" bezeichnen. Dieser Kettenreaktion von Auslösern, die Stress bewirken können, wollen wir in diesem Kapitel untersuchen. Dazu möchte ich die Geschichte von drei Freunden vorstellen, die vor einer Klassenarbeit stehen.

Drei Freunde stehen vor einer Klassenarbeit in Chemie

Drei Freunde, Alex, Charlotte und Sophie, alle drei 12 Jahre alt, schreiben in der nächsten Woche eine Klassenarbeit in Chemie. Sie sind alle in der gleichen Leistungsgruppe und sind in ihrer letzten Klassenarbeit mit „befriedigend" eingestuft worden.

Alex:

Jedes Mal, wenn Alex zu Hause über seinem Lehrbuch in Chemie sitzt, denkt er: „Ich begreif das nicht. Chemie ist einfach nichts für mich! Warum soll ich mich da noch anstrengen?" Er legt sein Lehrbuch beiseite, wiederholt also nicht die letzten Lektionen, sondern tut alles, um sich abzulenken. Dafür hilft er sogar seiner Mutter beim Abwasch, eine Tätigkeit, der er sonst immer aus dem Weg geht. Am Ende der Woche wird er beim Gedanken an die Klassenarbeit immer unruhiger. Die Unruhe verdichtet sich zu einer Art Panik. Sein Herz klopft schneller, bei der kleinsten Anstrengung ringt er nach Atem. Es endet damit, dass er die ganze Nacht vor der Arbeit mit Büffeln zubringt.

Charlotte:

Charlotte hat immer schon Schwierigkeiten gehabt, sich an den Stoff zu erinnern, der für Klassenarbeiten wichtig ist. Sie ist überzeugt, dass sie auch dieses Mal wieder nicht genug weiß, um die Klassenarbeit zu packen, und wiederholt deshalb alles, was sie bisher in Chemie gelernt hat oder hätte lernen sollen. Dafür verzichtet sie auf das Frühstück und Mittagessen und muss von ihrer Mutter gezwungen werden, wenigstens am gemeinsamen Abendessen teilzunehmen. Aber sie isst wenig und ohne Appetit. Es gibt Auseinandersetzungen mit der ganzen Familie. Am Ende der Woche hat sich Charlotte mit allen anderen entzweit und fühlt sich selbst ganz daneben. Sie denkt, sie ist einfach nicht gut genug für die Schule und hat in der Nacht von der Klassenarbeit einen Albtraum.

Sophie:

Sophie weiß, dass Chemie nicht gerade ihr Lieblingsfach ist, aber sie sagt sich selbst, dass sie bei intensiver Wiederholung des bisherigen Lernstoffes die Klassenarbeit packen kann. Und das ist schließlich alles, was zählt. Sie redet sich immer wieder ein, dass sie das meiste, was sie sich wirklich fest vorgenommen hat, packen kann. Sie teilt sich die Wiederholung des Stoffes in einzelne Kapitel ein und arbeitet sie nach einem bestimmten Zeitplan ab. Am Abend vor der Klassenarbeit hört sie ihre Lieblingsmusik, um sich zu entspannen. Sie schläft einigermaßen gut in der Nacht.

1. Frage:
Alle drei Freunde sind in der gleichen Situation – sie müssen eine Klassenarbeit in Chemie bestehen. Gehen sie auf die gleiche Weise an diese Aufgabe heran? Bitte kreuze deine Entscheidung an.

Ja ☐   Nein ☐

2. Frage:
Welcher der drei Freunde scheint dir am wenigsten unter Stress zu stehen? Bitte kreuze deine Antwort an.

Alex ☐   Charlotte ☐   Sophie ☐

3. Frage:
Warum meinst du, dass die Person, die du eben markiert hast, weniger unter Stress steht als ihre beiden Freunde?

....

....

4. Frage:
Warum stehen die beiden anderen unter Stress?

....

....

Du hast dich richtig entschieden, wenn du folgenden drei Überlegungen gefolgt bist:

* Jeder der drei Freunde reagiert auf unterschiedliche Weise in der gleichen Situation.
* Sophie scheint weniger unter Stress zu stehen als Alex und Charlotte.
* Alex und Charlotte „füttern" ihre Stressoren.

Sophie steht weniger unter Stress, weil sie anders als ihre beiden Freunde über die bevorstehende Klassenarbeit *denkt*. Alex und Charlotte *denken*, dass ihre Situation aussichtsloser ist, als sie wirklich ist. Sie denken negativ über ihre Fähigkeiten, mit der Situation fertigzuwerden. Sophie denkt realistischer über die Klassenarbeit in Chemie und versucht, sich angemessen auf sie vorzubereiten. Diese positivere Sichtweise hindert sie daran, körperliche Ausfälle zu bekommen, emotionale Belastungen zu verspüren und Zuflucht zu falschen Strategien zu nehmen, um sich auf die Klassenarbeit vorzubereiten.

Das Beispiel der drei Freunde und ihrer unterschiedlichen Vorbereitung auf die Klassenarbeit kann dir zeigen, dass es bei dem sogenannten Stress um eine Wechselwirkung zwischen dem Stress auslösenden Ereignis (der Klassenarbeit), den Gedanken und den körperlichen, seelischen und verhaltensbezogenen Reaktionen dessen geht, der „gestresst wird". Ich will versuchen, dir diesen Prozess der wechselseitigen Einflussnahme in einem Schaubild zu verdeutlichen. Bitte betrachte dieses Schaubild von links nach rechts, von oben nach unten mit den jeweiligen Pfeilen.

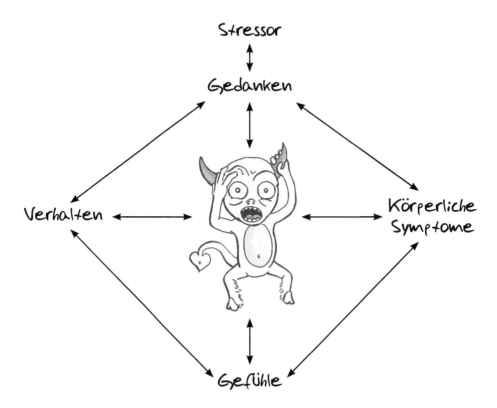

Das Schaubild soll dir Folgendes zeigen:

* Wenn wir auf einen einzelnen Stressoren treffen (= also eine Situation, die Stress erzeugen könnte) und wir dabei unrealistische und negative Vorstellungen entwickeln, dann geben wir dem Stressor Futter.
* Wenn wir in einer solchen Situation von vornherein negativ über unsere Fähigkeit nachdenken, mit der Situation fertigzuwerden, oder wenn wir unrealistische Erwartungen an unsere eigene Konfliktfähigkeit haben, dann geben wir dem Stressor Futter.
* Je mehr wir den Stressoren Futter geben, umso mehr fühlen wir uns gestresst!
* Je mehr wir in unrealistischer und negativer Weise über die Situation nachdenken, umso mehr körperliche Symptome entwickeln wir und diese neuen körperlichen Symptome geben wiederum den Stressoren Futter.
* Je weniger konstruktiv wir uns bei schwierigen Situation verhalten, umso unrealistischer und negativer werden wir über die Situation nachdenken.
* Am Ende befinden wir uns mitten in einer Abwärtsspirale, die unsere Stressoren immer stärker macht und unsere Fähigkeit, mit ihnen produktiv umzugehen, immer schwächer!

Rubens Welt

Ruben ist knapp 15 Jahre alt. Er lebt zu Hause mit seiner Mutter und zwei jüngeren Schwestern. Sein Vater hat vor sechs Monaten die Familie verlassen und will sich scheiden lassen. Rubens Mutter hat eine Reihe von körperlichen Problemen – beispielsweise schwere Gegenstände zu heben, längere Zeit zu laufen oder zu stehen. Ruben hat eine Menge zu tun, um ihr zur Hand zu gehen. Er besucht eine Ganztagsschule und steht kurz vor dem Schuljahrsende seiner Klasse.

Rubens Schwierigkeiten nehmen zu, die Anforderungen von zu Hause und die Aufgaben von der Schule auszubalancieren. Ruben hat den Anspruch, dass ihn das alles eigentlich ohne große Schwierigkeiten gelingen müsste. Weil er aber Probleme bekommt, glaubt er, er sei ein Versager. Mehr und mehr kreisen seine Gedanken um diese Vorstellung, er sei einfach nicht gut genug. Diese negativen Vorstellungen über sich selbst erfassen auch andere Bereiche seines Alltags – beispielsweise seine sportlichen Aktivitäten. Sie drücken auf seine Stimmungen und verursachen ihm immer wieder dauerhafte Kopfschmerzen.

Einige Monate später sieht sich seine Mutter gezwungen, das gemeinsame Haus aufzugeben, weil sie es nicht mehr bezahlen kann. Ruben hilft ihr, anderswo eine preiswertere Bleibe zu finden. Aber das bedeutet, dass er nun entweder die Schule wechseln oder eine einstündige Busfahrt jeden Tag in Kauf nehmen muss. Ruben entscheidet sich für die alte Schule und die lange tägliche Busfahrt.

Diese Busfahrt aber verändert seinen Tagesablauf und führt dazu, dass er nun noch weniger Zeit zur Unterstützung seiner Mutter hat, als er es eigentlich für notwendig hält, weil er ja nun der einzige Mann im Hause ist. Seine Freunde sagen ihm, diese Vorstellung wäre unrealistisch und er selbst brauche entsprechende Hilfe – aber er hört nicht auf seine Freunde. Er denkt: Jedem anderen jungen Mann in seiner Lage würde es gelingen, die unterschiedlichen Aufgaben unter einen Hut zu bringen! Warum scheitert nur er daran? Er sagt sich und seinen Freunden achselzuckend, er sei eben ein Schwächling und nicht in der Lage, für seine Mutter und seine Schwester zu sorgen. Seine negative Denkweise wächst von Tag zu Tag und sein Stresspegel steigt.

1. Frage:
Ruben will verschiedene Dinge in Einklang bringen. Welche sind dies?

....

....

2. Frage:
Ruben denkt, er sei eigentlich ein Schwächling. Hat er damit recht oder nicht?

Er hat damit recht ☐   Er hat unrecht ☐

3. Frage:
Vergrößert Ruben den Druck, unter dem er steht, oder nicht mit seinen unrealistischen Ansprüchen an sich und seiner Ansicht, er sei ein Versager?

Nein, er vergrößert den Druck nicht []
Ja, er vergrößert den Druck []

Ich möchte es nochmals klar betonen: Selbstverständlich ist Ruben in einer schwierigen Lage. Mit großer Wahrscheinlichkeit wird kein noch so konfliktfähiger und starker Junge die Aufgaben in der Schule wie auch zu Hause gleichermaßen erfolgreich bewältigen können. Ruben braucht also Hilfe und Unterstützung, um selbst hilfreich sein zu können. Aber der Gedanke, er sei einfach ein Schwächling und versagt bei allem, ist unrealistisch und führt zu negativen Folgen für sein Denken, sein Fühlen und sein Handeln.

Ruben braucht also Hilfe, um seine Stärken weiterzuentwickeln, nicht aber negative Gedanken, die ihn daran hindern, mit der Situation einigermaßen klarzukommen.

Worin könnte diese Hilfe bestehen? Als fünfter Schritt in meiner Hilfestellung im Umgang mit Stress möchte ich dich bitten, Folgendes zu beachten:

* Die Situation ist schwierig genug, aber du hast die Wahl, wie du auf den Stressor reagierst, der dich plagt!
* Du hast die Wahl, anders über deine Situation nachzudenken und sie zu bewerten!
* Du hast die Wahl, anders darauf zu reagieren!
* Du hast die Möglichkeit, deine eigenen Reaktionen zu kontrollieren!
* Du bist deinen Stressoren nicht ausgeliefert, sondern kannst ihnen begegnen und sie kontrollieren!

5 Mit dem Stress fertigwerden – aber wie?

Ich habe bis jetzt so viel Negatives über den Stress und die Stressoren gesagt, dass der Eindruck entstehen könnte, es würde sich um prinzipiell negative Erscheinungsformen unseres Lebens handeln, die uns daran hindern, ein harmonisches Leben zu führen und zufrieden, erfolgreich und glücklich zu sein. Aber zum Menschsein gehört es dazu, sich mit der Welt auseinanderzusetzen, Aufgaben für sich und andere zu übernehmen und an ihnen *zu wachsen*. Insofern ist jede Aufgabe, der wir uns stellen und von der wir noch nicht genau wissen, ob und wie wir sie bewältigen können, stresshaltig. Die Frage ist nicht, ob die damit verbundenen Aufgaben uns Schwierigkeiten bereiten, sondern ob diese Schwierigkeiten so groß sind, dass wir notwendigerweise an ihnen scheitern müssen. Und diese Frage hängt nicht nur von der Schwierigkeit der Aufgaben ab, sondern auch von dem, was wir selbst von uns halten, woran wir wachsen und woran wir vielleicht auch verzweifeln. Weil wir Menschen sind, werden wir immer wieder mit Aufgaben konfrontiert, die Stress erzeugend sind oder sein können. Zu leben, zu arbeiten und zu lieben bedeutet also nicht, so zu tun, als könne man Stress vermeiden, sondern Strategien zu entwickeln, den Stress unter eine solche Kontrolle zu bringen, dass er uns nicht mehr krank macht, sondern gesund erhält.

Wie funktioniert Stressmanagement?

Den Stress unter Kontrolle zu bringen, das ist keine Aufgabe, die man über Nacht lösen kann. Das erfordert einfach Zeit. Wichtig sind dabei folgende Schritte, die du bereits angefangen hast zu machen:

1. Schritt: ein Verständnis darüber zu gewinnen, was Stress bedeutet.
2. Schritt: zu erkennen, dass junge Menschen, die unter Stress stehen, keine Ausnahmeerscheinung sind, sondern bereits ihre unterschiedlichen Erfahrungen mitbringen. Andere stehen also auch unter Stress, du bist nicht allein davon betroffen.
3. Schritt: das Bemühen, mehr über die eigene Stress-Situation zu erfahren.
4. Schritt: zu verstehen, warum und wann Stress auftreten kann.
5. Schritt: zu erkennen, dass wir unseren Reaktionen auf Stress nicht hilflos ausgeliefert sind, sondern sie kontrollieren können.

6. Schritt: die wechselseitigen Beziehungen zu durchschauen, die zwischen
den unterschiedlichen Stressoren und ihren unterschiedlichen
Wirkungen auf Gedanken, Gefühle, Verhaltensweisen und körper-
liches Befinden stattfinden, kurz gesagt: welche Wirkung Stress
auf unser Leben hat.

Der Stress erzeugende Kreislauf

Du erinnerst dich sicherlich an das Schaubild aus Kapitel 4:

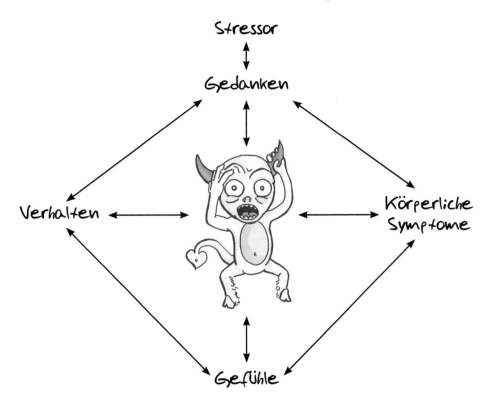

Du wirst dich auch daran erinnern, dass dieses Schaubild eines Kreislaufs
demonstrieren soll, wie Stressoren auf die Art und Weise Einfluss nehmen
können, wie wir denken, wie wir fühlen, wie wir handeln und welche körperlichen Erscheinungsformen dabei eine Rolle spielen. Und dass diese Beziehungen
nicht einseitig sind oder nur in einer Richtung laufen, sondern dass sie in

Wechselbeziehungen zueinander stehen. Also: Negative Gedanken erzeugen nicht nur negative Gefühle, sondern negative Gefühle wirken sich auch auf unsere Gedanken in negativer Weise aus. Und: Der Gedanke an eine problematische Klassenarbeit bringt uns nicht nur ins Schwitzen, sondern das Schwitzen verstärkt auch unsere Angst vor dem Versagen. Und die Angst vor dem Versagen verringert wiederum unsere Chancen, den Test zu bestehen. Wie können wir nun unsere Gedanken und unser Nachdenken beeinflussen? Und wie können wir die Handlungen, die mit unserem Nachdenken in Verbindung stehen, auf neue Weise organisieren?

Die nächsten Schritte lauten folglich:

Schritt 7: zu lernen, wie wir die eigenen Gedanken lenken können.
Schritt 8: zu lernen, wie wir das eigene Verhalten steuern können.

Für diese Schritte bitte ich dich nun, auf der folgenden Seite über deine Erfahrungen mit deinem eigenen Stress nachzudenken und sie aufzuschreiben.

Mein Denk-Zettel

Frage:
An welche Stress erzeugenden Situationen erinnerst du dich, die du *gut* bewältigt hast?

_____

_____

Frage:
Wie hat dein Kopf auf diese Situation reagiert? Was hast du gedacht und wie hast du die Situation bewertet?

_____

_____

Frage:
Wie hast du dich in der Situation verhalten und wie bist du mit ihr fertiggeworden?

_____

_____

_____

Frage:
Welche Gefühle hattest du dabei?

_____

_____

_____

Frage:
Was glaubst du aus deinen eigenen Erfahrungen lernen zu können?

_____

_____

Jetzt werden wir uns mit der spannenden Frage beschäftigen, wie wir unsere
Gedanken so verändern können, dass sie zu konstruktiven Handlungen führen.
Dafür gibt es drei Möglichkeiten:

a) Deine Gedanken (= Vorstellungen) sollten realistisch (= realitätsangemessen)
sein.
b) Deine Erwartungen an dich selbst sollten realistisch sein.
c) Deine Selbstachtung, dein Selbstvertrauen und dein positives Denken sollten
wachsen können.

a) Realistisches Denken

Du könntest sagen: Ich denke von vornherein realistisch. Denn ich bin real und was ich denke, basiert auf dem, was ich weiß und was ich wahrnehme. Das klingt vernünftig, aber es ist eine Idee zu einfach. Denn was wir wissen und was wir wahrnehmen, ist nicht einfach das, was in der Realität wirklich vorhanden ist, sondern es läuft durch einen Filter, der von unserem gegenwärtigen Zustand, von unseren Interessen, von unseren Hoffnungen und Befürchtungen und von vielen anderen Faktoren bestimmt wird. Das liebende Auge sieht anders als der professionelle Blick einer Psychologin, der erfolgreiche Schwimmer traut sich zu, seine 100-Meter-Zeit noch zu verbessern, der weniger erfolgreiche Schwimmer wird es vielleicht gar nicht erst versuchen. Die Klassenbeste nimmt mit anderen Gefühlen ihr Zeugnis entgegen als das Schlusslicht der Klasse.

Realistisches Denken besteht – allgemein gesprochen – in einer gewissen Übereinstimmung zwischen Wahrnehmung und Bewertung. Wer etwas sehr positiv sieht und es haben will, der betont seine Vorteile. Wer etwas negativ sieht und es vermeiden will, betont die Schattenseiten.

Es ist manchmal leichter, eine positive Sache so zu schildern, dass man zunächst einmal als Kontrast die negativen Seiten dieser Sache ins Auge fasst und betont. Stress erzeugende Sichtweisen zeichnen sich häufig durch eine solche Betonung der negativen Seiten der Situation aus, in der wir uns befinden. Beispielsweise:

* Wir nehmen unsere Situation so wahr, als wäre sie wesentlich bedrohlicher und Stress erzeugender, als sie es in Wirklichkeit ist. Meine Tante nannte das: „Katastrophendenken".
* Es kann uns auch passieren, dass wir zu schnell aus der Beschreibung in eine voreilige Bewertung fallen. Hin und wieder ziehen wir auch vorschnell negative Schlussfolgerungen, noch ehe wir die Tatsachen kennen.
* Manchmal malen wir uns in glühenden Farben aus, was uns alles an schrecklichen Dingen passieren könnte, ohne dass wir glaubwürdige Hinweise haben, dass dies auch wirklich passieren könnte. Meine Tante nannte das: „Was wäre, wenn ..."-Denken.
* Bisweilen haben wir auch unrealistische Vorstellungen, wie gut eine Sache eigentlich laufen könnte und müsste, und wir ärgern uns dann, wenn wir feststellen, dass wir zu optimistisch gewesen sind.
* Es kann auch sein, dass wir uns den schlimmsten Ausgang einer Situation einreden und den Gedanken verdrängen, es könnte auch gut gehen.

Diese Beispiele beschreiben unrealistische und negative Gedanken über Situationen, in denen wir uns befinden oder mit denen wir rechnen müssen. Es kann aber auch sein, dass wir uns negative Gedanken über uns selbst und unsere Fähigkeiten machen, einigermaßen positiv mit einem Problem umzugehen. Beispielsweise:

* Wir machen uns selbst nieder und betonen jene Eigenschaften und Erfahrungen, mit denen wir bisher gescheitert sind.
* Wir haben unrealistische Erwartungen über unsere Fähigkeiten, eine vertrackte Situation zu lösen, und wundern uns dann auch nicht, wenn wir tatsächlich scheitern.
* Wir halten uns für einen Nichtsnutz und führen alles, was schiefläuft, auf unsere eigenen Fehler zurück.
* Wir unterstellen anderen Menschen, dass sie Böses im Schilde führen und uns schaden wollen, ohne dass es dafür einen ernst zu nehmenden Anlass gibt.
* Wir werfen von vornherein die Flinte ins Korn und unternehmen gar nicht erst den Versuch, mit einer Situation fertigzuwerden.
* Wir vergleichen uns dauernd negativ mit anderen Leuten und ziehen dabei immer wieder den Kürzeren.

Man nennt solche schädigenden Denkmuster „Denkfehler". Es gibt folgende Strategien, wie du solche Denkfehler vermeiden kannst:

Gedanken stoppen

* Sag einfach „Stopp", wenn du merkst, dass du beginnst, einen solchen Denkfehler zu machen.
* Du kannst dir ein Stoppschild im Kopf vorstellen und dabei tief ein- und ausatmen und bis 10 zählen.
* Du kannst dir ein Stoppschild aus Pappe machen und es auf deinen Arbeitsplatz stellen. Bei Bedarf nimmst du es in die Hand, atmest tief ein und aus und zählst bis 10.

Wenn es dir schwerfällt zu erkennen, welchen Weg du gerade einschlägst, kannst du auch die Gedanken, die sich anbahnen, durch eine Reihe von Fragen auf den Prüfstand stellen.

Fragen, um das eigene Denken einzuschätzen:

Das Denken herausfordern

Es könnte aber auch sein, dass du nach dieser Überprüfung deines eigenen Gedankenweges dabei bleibst, dass es sich bei deinen negativen Gedanken um realistische Befürchtungen handelt. Dann wird es deine Aufgabe sein, diese für realistisch gehaltenen Befürchtungen auf ihre Reichweite zu untersuchen und kritisch infrage zu stellen. Beispielsweise durch die folgenden Fragen:

Wann immer du dich also unter Stress gesetzt fühlst und einer Situation begegnest, die dir ziemlich ausweglos erscheint, versuche diese Situation realistisch und an den Fakten orientiert zu betrachten. Versichere dich, dass du über deine eigenen Fähigkeiten nicht negativ denkst, dass du kein Schwarzmalen dieser Situation betreibst, die zu Recht bei näherer Betrachtung nur hellgrau ist, und konzentriere dich auf deine Fähigkeiten, die du kennst und die dir bisher geholfen haben, mit ähnlichen Situationen einigermaßen passabel umzugehen. Viele junge Menschen, mit denen ich zusammenarbeite, finden es hilfreich, wenn sie die einzelnen Stufen von dem Auftauchen solcher Gedankenfehler über das Stoppsagen bis hin zur realistischen Überprüfung nicht nur im Kopf vollziehen, sondern sie in Stichworten auf einem Arbeitsblatt mit alternativen Gedanken festhalten.

Arbeitsblatt für alternative Gedanken

Was war der Anlass? Was hat mich gestresst? Was war der Stressor?

Was waren meine Gedanken, die ich in dieser Situation hatte?

Was waren meine ersten Gefühle?

Verfügte ich zu Beginn schon über alle Tatsachen, um die Situation einschätzen zu können?

Habe ich mich auf den Holzweg der folgenden Gedankenfehler begeben?

Ich mache mich selbst klein.	Ich stelle die Situation bedrohlicher dar, als sie es ist.

Ich unterstelle anderen negative Absichten.	Ich schiebe mir selbst die Schuld in die Schuhe.
Ich habe unrealistische Erwartungen an mich selbst.	Ich sage mein eigenes Scheitern voraus.
Ich fantasiere über „was wäre, wenn".	Ich wechsle zu schnell von der Betrachtung zur Bewertung der Situation.
Ich vergleiche mich mit anderen und schneide immer schlecht ab.	Ich gebe zu schnell auf und denke, ich kann es nicht packen.
Ich bin auf den schlimmsten Ausgang fixiert, den die Sache nehmen könnte.	Ich sehe überhaupt nichts Positives.

Mache ich mir Stress über etwas Wichtiges oder Unwichtiges?

_____

_____

Wie kann ich mehr realistisch denken, um nicht mehr so stark unter Stress zu geraten?

_____

_____

b) Eigene Erwartungen an sich selbst realistisch halten

Um ein realistisches Bild deiner Person und deiner Möglichkeiten zu entwickeln, möchte ich dir zur Hilfestellung ein konkretes Beispiel schildern.

> **Tanja will immer und überall perfekt sein**
>
> Tanja ist 16 Jahre alt. Sie besucht eine Ganztagsschule und steht kurz vor den Prüfungen zum Ende des Schuljahres. Sie hat den Anspruch, in jedem Prüfungsfach die beste Note zu erreichen. Wenn sie merkt, dass sie irgendwo im Alltag einen Fehler gemacht hat, ärgert sie das kolossal. Im Hinblick auf ihr Äußeres will sie immer perfekt sein. Sie braucht viel Zeit im Bad und vor dem Spiegel, ehe sie das Haus verlässt. Auch alle Dinge müssen an dem Ort liegen, wo sie hingehören. Alles muss seine Ordnung haben und alles muss perfekt sein. Auch sie selbst.

1. Frage:
Hältst du Tanjas Grundeinstellung für vernünftig oder nicht?

Ja ☐   Nein ☐

2. Frage:
Meinst du, dass Tanja dazu neigt, sich unter Stress zu setzen? Oder unter Stress zu geraten?

Ja ☐   Nein ☐

3. Frage:
Glaubst du, dass Tanjas Einstellung Nahrung ist für die Stressoren?

Ja ☐   Nein ☐

Mein Ratschlag an Tanja wäre, dass sie versuchen soll, ihre Erwartungen an sich selbst und an ihre Umwelt nicht immer und überall auf die Spitze zu treiben, sondern auch mit mittleren Ergebnissen zufrieden zu sein. Keiner von uns ist perfekt. Perfektion gibt es gar nicht! Jetzt bitte ich dich, auf der folgenden Seite aufzulisten, welche realistischen Möglichkeiten du in deinen unterschiedlichen Aufgabenbereichen im Alltag für dich selbst festhalten möchtest.

Realistische Erwartungen an mich selbst

Wie ich in der Schule/in der Arbeit sein möchte:

Wie ich in meinen häuslichen Verpflichtungen sein möchte:

Wie ich gegenüber meinen Freundinnen und Freunden sein möchte:

Wie ich im Zusammenleben mit anderen sein möchte:

c) Selbstachtung, Selbstvertrauen und positives Denken

Das, was wir Selbstachtung und Selbstvertrauen nennen, hängt damit zusammen, wie sehr wir uns selbst mögen, anerkennen und wertschätzen und wie sich dies auch in unseren täglichen Gedanken, Gefühlen und Handlungen ausdrückt. Selbstachtung ist gewissermaßen ein Ergebnis der Erfahrungen, die wir mit uns selbst in unserem bisherigen Leben gemacht haben. Diese Selbstachtung ist nun nicht etwas, das wir nur aus uns selbst heraus entwickeln, sondern steht mit den Erfahrungen in Zusammenhang, die wir mit anderen, für uns wichtigen Menschen gemacht haben und die uns als Lob und Tadel – vor allem auch als Dauer-Lob oder Dauer-Tadel – entgegengebracht wurden. Ist unser Selbstvertrauen einigermaßen stabil, geraten wir nicht in grundsätzliche Zweifel, wenn uns einmal eine Aufgabe misslungen ist oder wenn uns ein anderer wegen bestimmter Verhaltensweisen oder Leistungsschwächen tadelt. Wenn ich allerdings über eine geringe Selbstachtung und geringes Selbstvertrauen verfüge, dann können mich unter Umständen schon die zusammengezogenen Augenbrauen eines Lehrers in der mündlichen Prüfung aus der Fassung bringen. Ich will die Frage nach unserer Selbstachtung und unserem Selbstvertrauen an zwei Beispielen illustrieren.

Zwei Blumenmädchen

Ellen ist 15 Jahre alt und hilft an Sonn- und Feiertagen häufig in einem Blumenladen aus. Sie ist rundum mit sich zufrieden und hat das, was man eine ausgewogene Selbstachtung nennt. Ausgewogen bedeutet, dass sie weiß, dass sie nicht in allen Dingen spitze ist, aber dass sie im Wesentlichen gut mithalten kann. Wenn ihr etwas besonders gut gelungen ist, dann zeigt sie ihre Freude und ist stolz auf die eigene Leistung.

Lilly ist ebenfalls 15 Jahre alt. Auch sie arbeitet aushilfsweise bei einer Blumenhandlung mit. Mit ihrer Selbstachtung und ihrem Selbstvertrauen ist es nicht besonders gut bestellt. Sie achtet besonders auf die Dinge, die ihr misslingen, und auf alles, was in ihrem Leben nicht besonders gut läuft. Immer vergleicht sie sich mit anderen und immer findet sie, dass die anderen besser sind als sie.

Beide Mädchen verkaufen aushilfsweise Blumen. Die Gegend, in der die Blumengeschäfte liegen, zählt zu den besseren Stadtvierteln und die Kundschaft wird genau hinschauen und sich beraten lassen wollen, bevor sie etwas kauft. Wer von den beiden Blumenverkäuferinnen wird wohl mehr Erfolg beim Blumenverkauf haben? Ellen oder Lilly?

Ich glaube auch, dass Ellen es leichter haben wird, anspruchsvolle Käuferinnen von der Qualität der Ware zu überzeugen, die im Blumengeschäft angeboten wird. Wer ein positiveres Gefühl von sich selbst hat, ist eher in der Lage, bei seinen Partnern positive Reaktionen zu erzeugen.

Wie aber können wir unsere eigene positive Selbstachtung pflegen? Ich nenne ein paar Möglichkeiten:

Eigenschaften, die du an dir selbst gut findest.	Das, was du schon selbst erreicht hast.
Deine Stärken.	Dinge, in denen du besonders gut bist.
Eigenschaften und Stärken, die dich liebenswert machen.	Schönes, was dir jeden Tag immer wieder begegnet.

Zeiten, die gezeigt haben, dass du erfolgreich mit Schwierigkeiten umgehen kannst.

Positive Dinge in deinem Leben.	Positive Dinge, die du gern erreichen möchtest.

Das sind alles Überlegungen, die ich dir empfehle, wenn du selbst vor einer schwierigen Aufgabe stehst, wenn du an deinen Fähigkeiten zweifelst und wenn du den Eindruck hast, dass du mit einer bestimmten Sache nicht fertigwerden wirst.

Das bedeutet nicht, dass du dich selbst in einem rosaroten Licht sehen sollst. Ich rate dir vielmehr zu einer realistischen Sichtweise. Diese Sichtweise bedeutet aber auch, dass du dem immer noch weitverbreiteten Satz misstraust:

„Eigenlob stinkt". Lange Jahre war es in unserer Kultur üblich, dass Lob nur von anderen kommen durfte, während man selbst eine eher skeptische Einschätzung der eigenen Fähigkeiten zur Schau stellen sollte. Über diese Haltung der eigenen skeptischen Wertschätzung sind wir inzwischen hinausgewachsen. Es ist wichtig, eine positive Sichtweise zu haben, die unsere Stärken betont und dabei realistisch bleibt.

Um den Prozess deiner Selbstachtung zu vertiefen, ist es hilfreich, wenn du dir alltägliche Aufgaben dafür vornimmst. Auf den kommenden Seiten bitte ich dich deshalb, eine Reihe von Tätigkeiten oder Aufgaben aufzuschreiben, die du dir vornimmst und die den Prozess unterstützen können, deine eigene Selbstachtung zu festigen. Das Blumenmädchen Lilly, von der ich weiter oben gesprochen habe, hat dafür zwei Beispiele genannt:

„Ich bin öfters hilfreich, weil ich zweimal in der Woche das Frühstück für meine Mutter und meine Schwester zubereite und hinterher das Geschirr abwasche, da meine Mutter schnell zur Arbeit muss."

„Ich bin stark im Nehmen, weil ich mit der Scheidung meiner Eltern fertiggeworden bin, obwohl es eine schwere Zeit war."

Bausteine meiner Selbstachtung

Positive Seiten an mir:	An welchem Beispiel ich es zeigen kann:

In den folgenden Kasten trägst du bitte drei Dinge ein, die du in deinem Leben bereits geleistet hast und auf die du stolz sein kannst. Schreib bitte auch dazu, warum du glaubst, auf sie stolz sein zu können.

Bausteine meiner Selbstachtung

Was ich in der Vergangenheit schon geleistet habe:

Wenn du dir das alles nun anschaust, was du alles leistest und was du bereits geleistet hast – und worauf du stolz sein kannst –, wie würdest du dich dann auf positive Weise selbst charakterisieren? Um dir auf die Sprünge zu helfen, zitiere ich jetzt einige solcher positiven Selbstbestätigungen, die mir andere junge Menschen gesagt haben: „Ich bin manchmal einfach gut", „Die Leute mögen mich, ich bin beliebt", „Ich versuch halt meistens das Beste aus mir zu machen", „Eigentlich kann ich auf mich selbst stolz sein", „Ich glaube an mich".

Bausteine meiner Selbstachtung

Wie ich meine positiven Seiten sehe:

Es kann hilfreich sein, wenn du das, was du auf den letzten drei Seiten unter dem Stichwort „Bausteine meiner Selbstachtung" aufgeschrieben hast, in ein handliches kleines Notizbuch überträgst, das du immer bei dir hast und das du in Situationen herausholen kannst, in denen du unsicher geworden bist.

Eine realistische Selbsteinschätzung, welche die positiven Seiten hervorhebt, die du an dir selbst bemerkst und die dir auch andere mitgeteilt haben, kann eine wichtige Hilfe sein, um dich bei der Lösung schwieriger Aufgaben nicht unter Stress zu setzen. In diesem Kapitel habe ich dich gebeten, einige positive Dinge aufzuschreiben, die du bereits geleistet hast und die du dir für die Zukunft vornimmst. Dabei handelt es sich um positive Gedanken, wie du dich selbst siehst und wie du deine positive Sichtweise in Zukunft erweitern und verbessern kannst.

Nun sind positive Gedanken über sich selbst und seine Fähigkeiten, mit schwierigen Situationen konstruktiv umzugehen, *eine* Voraussetzung, um die Ärmel hochzukrempeln und Stress zu vermeiden. Eine weitere Voraussetzung ist es, die eigenen Gedanken in positive Handlungen zu überführen. Davon handelt das folgende Kapitel.

6 Entspannt und überlegt handeln

Es gibt eine Menge an Möglichkeiten, das eigene Verhalten kritisch unter die Lupe zu nehmen und dabei zu schauen, welche Art von Strategien wir einsetzen im Umgang mit Stress. Ich werde dir in diesem Kapitel einige dieser Möglichkeiten nennen, mit denen es dir gelingen kann, positive Strategien zu entwickeln – du musst sie nicht alle ausprobieren, suche dir diejenigen heraus, die für dich passend sind.

Vermeidungsverhalten abbauen

Es gibt viele junge Menschen und Erwachsene, die denken, dass sie vermeiden können, unter Stress zu geraten, wenn sie dabei Dinge umgehen, die Stress erzeugen könnten. Als Beispiel nenne ich Martin. Martin ist 11 Jahre alt und in der Schule eigentlich ganz gut. Aber es gibt eine Sache, die ihm große Bauchschmerzen bereiten: wenn er unter Klavierbegleitung seiner Musiklehrerin vor der Klasse singen muss, für das er auch noch benotet wird. Martin ist überzeugt, dass er nicht singen kann und dass er vor allem die Lieder nicht singen kann, die im Schulunterricht durchgenommen werden. Er beschließt deshalb, die Schule zu schwänzen, wenn das „Zensuren-Singen" stattfindet. Also muss er zu Hause Kopfschmerzen und Fieber simulieren und seine Mutter dazu bringen, ihn in der Schule zu entschuldigen. Das alles macht eine Menge Schwierigkeiten und letztlich kann er das Zensuren-Singen sowieso nicht vermeiden. Irgendwann ist er „dran".

So ist mit den meisten Sachen, die wir versuchen zu vermeiden, weil sie uns unter Stress setzen könnten. Zum einen müssen wir richtig viel tun und arrangieren, um anderen plausibel zu machen, dass wir gerade diese Sache nicht machen können, weil wir krank sind oder weil irgendetwas höchst Dringliches dazwischenkam.

Zum anderen aber bringt uns der Versuch, etwas Schwieriges und Bedrohliches zu vermeiden dazu, dieses Bedrohliche noch viel bedrohlicher zu finden, als es tatsächlich ist. Vielleicht erweist sich die Sache, um die wir einen Bogen machen, als eine interessante Herausforderung, die uns sogar stärken kann.

Kannst du dich an Sachen und Situationen erinnern, die du in letzter Zeit vermieden hast, um dich nicht unter Druck zu setzen oder unter Druck setzen zu lassen? Nimm dir ein bisschen Zeit zum Nachdenken und schreibe dann die eine oder andere Situation auf, um die du einen Bogen machst, und überlege, ob das Vor- oder Nachteile gebracht hat.

Situationen, denen ich aus dem Weg gehe	Welche Vorteile hat das gebracht?	Welche Nachteile hat das gebracht?

Frage:
Hat dir diese Strategie geholfen, Stress zu vermeiden oder nicht?

☐ Hat mir geholfen, Stress zu vermeiden.
☐ Hat mir neuen Stress gebracht.

Antwort:
Ich habe damit den Stress nicht vermeiden können!

Positive Strategien, um mit Schwierigkeiten fertigzuwerden

Es ist also wenig ratsam, Situationen aus dem Wege zu gehen, die Stress erzeugen. Wir handeln uns damit nur neuen Stress ein und können uns irgendwann überhaupt nicht mehr aktiv verhalten. Deswegen ist es sinnvoll, sich andere Handlungsstrategien zu überlegen, mit denen wir uns aktiv und handlungsoffen den Situationen stellen können, die wir sowieso nicht vermeiden können. Zu den positiven Strategien zählen:

a) Problemlösungen finden
b) Darüber sprechen
c) Entspannungsübungen erlernen
d) Zeit und eigene Kräfte gut organisieren
e) Durchsetzungsfähig werden
f) Gesund leben
g) Ein Stress-Tagebuch führen.

a) Wie kann ich Probleme lösen?

Probleme sind dazu da, um sich lösen zu lassen. Du kannst dabei einfach versuchen, was klappt und was nicht funktioniert. Diese Art, mit Versuch und Irrtum umzugehen, kann manchmal sehr zeitaufwendig werden, deshalb rate ich dir zu einem Vorgehen, das aus vier aufeinanderfolgenden Schritten besteht:

1. Du machst dir zunächst klar, worin das Problem genau besteht.
2. Du überlegst dir, ob es verschiedene Wege gibt, mit denen du das Problem lösen kannst.
3. Welche sind die Vor- und Nachteile der einzelnen Möglichkeiten?
4. Du entscheidest dich für einen Weg und verfolgst ihn zielstrebig.

Versuche einmal, diese vier Schritte auf das folgende Beispiel anzuwenden:

„Wird er mir untreu werden?"

Emma ist 15 Jahre alt, sie hat in der letzten Woche einen handfesten Streit mit ihrem Freund Andy gehabt. Sie haben seither nicht mehr miteinander gesprochen. Emma hat Angst, dass Andy sie verlässt und sich mit ihrer Freundin Helen zusammentut. Wird er ihr untreu werden oder nicht? Wie soll sie sich verhalten?

Frage: Was schlägst du vor, kann Emma machen, um ihr Problem zu lösen und sich aus ihrer Angst zu befreien?

b) Darüber sprechen

Um die obige Frage zu beantworten: Eine Möglichkeit wäre, mit ihrer Freundin oder mit ihrem Freund direkt zu sprechen, um zu überprüfen, was an ihren Befürchtungen der Wirklichkeit entspricht und was nicht. Bei Beziehungsproblemen erweist sich häufig ein direkter Weg am wirksamsten, also mit den betreffenden Personen das Problem direkt zu besprechen. Wenn das aus dem einen oder anderen Grunde nicht möglich ist, empfiehlt es sich, sich an einen nahen Freund oder eine nahe Freundin oder auch an ein vertrauenswürdiges Familienmitglied zu wenden und um einen Rat zu bitten.

Über etwas zu sprechen, das uns das Herz bedrückt, ist immer eine wichtige und entlastende Möglichkeit, einen Schritt weiterzukommen. Es kann dir helfen:

Das in Worte zu fassen, was du gerade fühlst.	Deine eigenen Gedanken und Gefühle zu überprüfen und zu bewerten.	Wege zu finden, wieder aus einer Sackgasse herauszukommen.

1. Frage:
Wen könnte Emma in ihrer Situation um Rat fragen?

ihre Mutter	ihren Vater	eine Freundin
ihren Bruder/ ihre Schwester	eine entfernte Verwandte	ihre Lehrerin

2. Frage:
Gibt es noch andere Personen, die dir einfallen und die hier nicht aufgeführt sind?

Bitte denke immer daran, dass es eine Reihe von Fachleuten gibt, die auf Beziehungsfragen spezialisiert sind, beispielsweise in Beratungsstellen. Auch Psychologen und Pädagogen stehen meist nach Voranmeldung für ein Gespräch zur Verfügung oder man kann sie über eine Hotline direkt telefonisch erreichen. Wenn du selbst niemanden kennst, wird dir sicher deine Vertrauenslehrerin oder dein Mentor weiterhelfen und Namen, Adressen oder Telefonnummern nennen können.

c) Entspannungsübungen

Wenn du in einer bestimmten Situation nicht weiterweißt, weil du unter Stress stehst, der deine Gedanken blockiert, dann wäre es eine gute Möglichkeit, die eine oder andere Entspannungsübung zu machen, um den Kopf wieder frei zu bekommen. Tiefes Einatmen und langes, ruhiges Ausatmen ist eine Möglichkeit, die immer zur Verfügung steht, um deinen Kopf, deinen Körper und deine Gefühle zur Ruhe zu bringen. Verschiedene fernöstliche Formen der Entspannung bieten eine weitere und etwas anspruchsvollere Möglichkeit. Es gibt eine Menge solcher Entspannungsprogramme, die man unter Anleitung oder in einem Kurs lernen und dann selbst praktizieren kann. Hier einige Beispiele:

Yoga und Meditation
Das Wort Yoga stammt aus dem Sanskrit und bedeutet so etwas wie „sich anschließen" oder „sich vereinen". Yoga versucht, eine Balance zwischen dem Körper und dem Geist herzustellen und beide wieder zu einer harmonischen Einheit zusammenzuführen. Das geschieht durch Atemübungen, durch körperliche Yoga-Übungen und durch die sogenannte Meditation. Zu meditieren bedeutet, in einer bestimmten entspannenden Körperhaltung die eigenen Gedanken fließen zu lassen und dadurch die vorhandenen Spannungen zu lockern. In Kursen werden dafür Einzel- oder Gruppenmeditationen angeboten, die überall zu finden sind.

Thai-Chi
Tai-Chi war ursprünglich ein fernöstliches Kampfritual und bestand aus einer Reihe von genauestens vorgeschriebenen Körperbewegungen. Heutzutage wird es in unserem Kulturkreis als eine Form der Entspannung verwendet, die zeitlupenhaft langsame ausdrucksvolle Bewegungen mit tiefem Atmen verbindet und auf diese Weise versucht, Körper und Seele zu entspannen.

Du kannst dir aber auch selbst einen ungestörten Platz suchen und eine halbe Stunde Zeit nehmen, um eine der folgenden Übungen zu praktizieren und sie auszuprobieren:

Tiefes Atmen

Du sitzt in einem gut gelüfteten, angenehm warmen Raum oder liegst auf dem Rücken. Du konzentrierst dich auf dein Atmen. Du legst eine Hand unter die Brust und eine Hand auf den Bauch (also unterhalb der Rippen). Jetzt atmest du konzentriert, aber entspannt ein und bemerkst dabei, wie sich die Bauchdecke langsam unter deinen Händen hebt. Du atmest langsam aus und bemerkst dabei, wie sich die Bauchdecke wieder senkt. Diesen Prozess wiederholst du in einem langsamen und stetigen Rhythmus. Du atmest korrekt, wenn die Hand auf dem Bauch sich hebt und senkt, während die andere Hand unter deiner Brust ruhig liegen bleibt.

Entspannungsübung 1

Du sitzt auf einem Stuhl oder liegst auf dem Rücken in einem Raum, frei von Störungen und gut gelüftet. Du schließt die Augen und denkst an eine Situation oder einen Ort, die Frieden, Glück und Wohlbefinden ausstrahlen. Du wirst merken, wie du dich entspannt und glücklich fühlst. Achte auf ein Bild, das vor deinem inneren Auge erscheint. Halte es fest und betrachte es in allen Details und stelle dir vor, dass du für eine kurze Zeit dort wärst. Atme dabei tief und entspannt ein und aus.

Entspannungsübung 2

Konzentriere dich auf einen Muskel deines Armes oder deines Beines. Spanne diesen Muskel an, halte die Spannung für ein paar Sekunden und löse sie dann wieder auf.

Entspannungsübung 3

Du liegst auf dem Rücken. Du atmest tief und langsam ein und stellst dir dabei vor, dass der Atem durch die Sohle deiner Füße eindringt, in deinem Körper nach oben wandert und dich dann durch deinen Kopf verlässt. Du atmest wieder ein und stellst dir dieses Mal vor, dass der Atem durch deinen Kopf in den Körper eintritt, dass er im Körper nach unten wandert und sich durch die Sohlen deiner Füße verlässt. Wiederhole diese Übung langsam einige Male.

Das waren ein paar Beispiele, du kannst aber auch andere Übungen anwenden, die dir helfen, dich zu entspannen. Lege aber dabei bitte auf jeden Fall die Zeitspanne fest, die du für die Entspannungsübungen brauchst, und einen Ort, der frei von Störungen ist. Manche jungen Menschen, mit denen ich zusammenarbeite, schwören darauf, dass sie sich entspannen, wenn sie ihre Lieblingsmusik hören und dabei nichts anderes tun und an nichts anderes denken. Manche entspannen sich am besten bei einem warmen Vollbad und andere, wenn sie sich ein schönes ruhiges Bild vorstellen.

Abzuschalten und etwas zu lesen oder gezielt etwas Unterhaltsames im Fernsehen auszusuchen, sind auch noch andere Möglichkeiten der Entspannung. Wichtig bleibt die Strategie: nach Ereignissen, Erfahrungen oder Gedanken, die Stress erzeugen, einen Schnitt zu machen und etwas ganz anderes zu tun, zu denken und zu fühlen!

d) Wie ich meinen Alltag besser organisieren kann

Ich selbst komme in eine Stress erzeugende Situation, wenn ich Dinge auf die lange Bank schiebe, oder wenn ich versuche, Dinge gleichzeitig zu tun, die ich besser hintereinander erledige. Solche Situationen schreien nach einer besseren Organisation meines Alltags. Der Gegensatz von „gute Organisation" ist „schlechtes Chaos", das immer dann einsetzt, wenn ich Dinge laufen lasse, statt sie gezielt in die Hand zu nehmen. Wie kann man das schaffen: Dinge in die eigene Hand nehmen?

Schritte beim Organisieren

Plane die Dinge.

Setze Prioritäten, vor allem dann, wenn mehrere Dinge gleichzeitig danach drängen, erledigt zu werden. Prioritäten zu setzen, heißt, dass die wichtigsten Dinge an erster Stelle kommen.

Zeit ist eine gleichsam natürliche Größe, die sich nicht ausdehnen oder verkürzen lässt. Genauso wie du bei einem größeren Einkauf das Geld vorher einteilst, das du zur Verfügung hast, genauso solltest du auch in dringlichen Situationen die Zeit, die dir zur Verfügung steht, im Vorhinein einteilen, den Zeitplan aufschreiben und dich möglichst genau an ihn halten.

Setze dir realistische Ziele: Wenn du beispielsweise einen Aufsatz schreiben sollst, dann wäre es unrealistisch zu sagen: „Es dauert eben so lange, wie es dauert." Sondern: Du hast eine bestimmte Zeit zur Verfügung und in dieser Zeit muss der Aufsatz zu Ende gebracht sein.

Wichtig ist ein Arbeitsplatz, der frei von Ablenkungen und Störungen ist. Auch wenn du kein eigenes Zimmer hast, sollte dein Arbeitsplatz für eine bestimmte Anzahl von Stunden ungestört bleiben.

Es gibt für jeden von uns Tages- und Abendzeiten, in denen sich bestimmte Arbeiten besser erledigen lassen als zu anderen Uhrzeiten. Das muss man genau herausfinden und seine unterschiedlichen Arbeiten dann entsprechend einteilen. Manche denken, das Durcharbeiten in den Nächten sei ein besonderes Zeichen von schöpferischer Fantasie und Genialität. Aber meistens erreichen wir damit nur Übermüdung, verspätetes Einschlafen und schlechte Arbeitsergebnisse.

Ein wichtiger Punkt, um sich besser zu organisieren, ist, wenn du dich am Ende einer intensiven Arbeitsstrecke selbst belohnst. Die Selbstbelohnung ist eine besondere Form der Anerkennung von Leistungen, die du dir vorgenommen hast und die dir gut gelungen sind. Das muss nicht bedeuten, dass du dir etwas Besonderes kaufst. Es kann auch einfach bedeuten, dass du dann Atem holst, eine Pause machst, dir eine Tasse Tee kochst und dabei deine Lieblingsmusik hörst.

Was zu vermeiden ist

Fange bitte nicht damit an, dir vorzustellen, was du alles noch nicht getan hast.

Fange nicht auf den letzten Drücker an.

Spanne nicht alle deine Muskeln an, um dadurch schneller zu werden, vermeide Hektik.

Und denke nicht, alles bis in die letzte Minute durchorganisieren zu müssen. Ein solcher Gedanke könnte auch eine fixe Idee werden und dich unter zusätzlichen Stress setzen.

Um neue Erkenntnisse in neue Handlungen überführen zu können, brauchen wir Routine. Es reicht nicht, eine Sache einmal gut zu tun und sie dann zufrieden beiseitezulegen. Wir müssen sie immer wieder tun, sie muss uns „in Fleisch und Blut übergehen". Dazu finde ich es immer wieder hilfreich, wenn ich die Ergebnisse meines Arbeitstages am Abend in einer Liste zusammenstelle, also: Was ich getan habe, was es mir gebracht hat – oder unter Umständen, woran ich im ersten Anlauf gescheitert bin. Eine solche tägliche Zusammenstellung meiner Tätigkeiten, meiner Erfolge oder meiner damit verbundenen Schwierigkeiten ist für mich eine gute Möglichkeit, mir selbst auf die Finger zu schauen und herauszufinden, mit welcher Form der Organisation meiner Arbeit ich erfolgreich war und was mir unter Umständen in die Quere gekommen ist.

Was ich erreicht habe	Was noch aussteht

e) Durchsetzungskraft lernen

Heutzutage ist die Haltung weit verbreitet, dass jeder fit zu sein hat für all die Anforderungen, die an uns gestellt werden, und den dabei entstehenden Druck nicht als Stress zu erleben, sondern alles möglichst schmerzfrei zu erledigen. Doch wir sind keine willenslosen Maschinen und haben eine Reihe von unveräußerlichen Rechten, auf die wir uns berufen können, wenn wir die Gefahr sehen, dass sie verletzt werden.

Frage:
Fallen dir allgemeine Menschenrechte (und das bedeutet auch: „Kinderrechte") ein, auf die du dich berufen kannst, wenn jemand oder eine Institution etwas von dir will?

_____

_____

_____

_____

Vielleicht sind dir einige Punkte aus der Liste eingefallen, die ich jetzt nenne:

* Ich habe das Recht, mit Respekt behandelt zu werden.
* Ich habe das Recht, „Nein" zu sagen.
* Ich habe das Recht, aus verschiedenen Alternativen auszuwählen.
* Ich habe das Recht, dass man mir zuhört.
* Mir darf kein körperlicher Schaden zugefügt werden.
* Ich habe das Recht, meine Meinung zu sagen.
* Ich habe das Recht, in schwierigen Situationen um Hilfe zu bitten.

Diese Rechte gelten für jeden und jede von uns. Sie gelten deshalb auch für andere. Wir können somit darauf vertrauen, dass wir unsere Rechte durchsetzen können. Wir müssen aber auch tolerieren, dass sie für andere gelten und dass dies zu Konflikten unter uns führen kann. Diese sollten sachlich und in respektvoller Weise geregelt werden.

Die Rechte beinhalten also:

Selbstbewusstsein und Selbstvertrauen	Respekt für die Rechte, die Gefühle, die Meinungen und die Bedürfnisse anderer
Unsere eigenen Gedanken, Gefühle, Meinungen und Bedürfnisse auf eine ruhige und respektvolle Weise zur Sprache bringen	Für die eigenen Rechte auf ruhige und respektvolle Weise einstehen, wenn andere sie verletzen.

Dieses Wissen um unsere Rechte, auf die wir uns stützen und berufen können, wenn uns Sachen zugemutet werden, die unserer Meinung nach unsere Rechte verletzen, kann in den folgenden Situationen hilfreich sein:

* „Nein" zu sagen, wenn du vor Forderungen gestellt werden, die von dir Unmögliches verlangen und dich deshalb unter Stress setzen
* Probleme zu lösen, die zu viel Stress verursachen würden
* andere um Hilfe zu bitten
* bei Beschwerden
* in Konflikten zu vermitteln und Kompromisse zu suchen
* und um bei dir wie auch bei möglichen Konfliktpartnern Stress zu vermeiden.

f) Gesunder Lebensstil

Eine gesunde Lebensführung kann auch Stress eindämmen. Manchen Menschen sieht man es schon an ihrer Hautfarbe und Körperhaltung an, dass sie unter Stress stehen und dass dieser Stress offensichtlich mit einer ungesunden Lebensweise einhergeht: wenig Schlaf, unregelmäßiges Essen, Untergewicht oder Übergewicht, sorgenvoller Blick und eine deutlich zu spürende Unruhe.

Um Stress zu vermeiden, gehört also auch eine Lebensweise, die unseren Körper nicht zusätzlichen Belastungen aussetzt. Deshalb ist es wichtig:

Auf regelmäßige Mahlzeiten und auf eine gut gemischte und ausbalancierte Ernährung zu achten

Anregungsstoffe zu reduzieren wie Koffein und Zucker

Regelmäßig körperliche Bewegung zu treiben, Betonung liegt auf: regelmäßig!

Ausreichend zu schlafen, zu möglichst regelmäßigen Einschlafzeiten.

Dies alles sind Lebensweisen, die einem möglichen Stress entgegenwirken. Regelmäßige körperliche Bewegung beispielsweise hilft uns das Adrenalin abzubauen, das unter Stress im Körper produziert wird.

Ausreichend und gesund zu schlafen, fällt Kindern und jungen Menschen häufig besonders schwer. Folgende Punkte können dir zu einer Routine verhelfen:

Schlafstörungen vermeiden

Schlafumgebung
Achte darauf, dass dich Geräusche, nächtliches Licht, die Farbe des Schlafzimmers, die Art des Bettes und der Matratze sowie die Zimmertemperatur des Raumes nicht stören. Alle elektronischen Geräte sollten ausgeschaltet sein, auch kein Stand-by-Betrieb mehr.

Einschlafroutinen

Eh du dich zum Schlafen legst, vermeide bitte alle besonders an- und aufregenden Tätigkeiten und Handlungen. Mache Dinge, die deinen Körper stattdessen zur Ruhe bringen.

Schlafroutinen

Regelmäßige Ein- und Aufwachzeiten sind eine Voraussetzung für ungestörtes Schlafen.

Abendessen

Nimm dein Abendessen nicht zu spät und halte regelmäßige Essenszeiten ein. Der Körper merkt sich die Essenszeit und richtet seine Verdauung danach ein. Und vermeide anregende Stoffe.

Sport

Sorge dafür, dass du deinen Körper tagsüber hinreichend bewegst. Aber vermeide bitte beispielsweise Aerobic, bevor du schlafen gehst, denn das stimuliert deinen Körper und verhindert das Einschlafen.

Schlaflosigkeit

Wenn du nicht einschlafen kannst oder in der Nacht aufwachst und nicht gleich wieder einschlafen kannst, solltest du aufstehen und etwas Entspannendes tun. Bald wirst du wieder müde sein und ins Bett zurückkehren. Mache dir keine Vorwürfe und setze dich nicht unter Stress, wenn du nicht einschlafen kannst – das macht die Sache nicht besser!

Stress und Schlaf

Gedanken unter oder über Stress hindern uns häufig am Schlafen. Wenn dies droht, dann lege dir vor der Schlafenszeit am besten eine bestimmte Zeitspanne zurecht, in der du dir überlegst, wie du mit der Situation umgehen wirst. Du kannst das auch schriftlich festhalten oder mit jemandem besprechen, alles in dieser festgelegten Zeit. Das hilft dir, nachts nicht ins Grübeln zu verfallen.

g) Mein Stress-Tagebuch

Ein weitere Möglichkeit, wie du deine Strategien gegen Stress in deinen Alltag einbetten kannst, ist ein Stress-Tagebuch zu führen. Lass uns einen Blick darauf werfen, wie das aussehen könnte.

Mein Stress-Tagebuch   Datum _____

Was mich gestresst hat

_____

_____

Welche Gedanken hatte ich?

_____

_____

Wie habe ich mich körperlich gefühlt?

_____

_____

Welche Gefühle hatte ich?

_____

_____

Wie habe ich mich verhalten?

_____

_____

Was waren die Folgen davon?

_____

_____

Habe ich den Stress verstärkt oder ihn bewältigt?

verstärkt ☐

bewältigt ☐

Wenn ich meinen Stress verstärkt habe, was könnte ich beim nächsten Mal anders machen?

_____

_____

Wenn ich meinen Stress bewältigt habe, wie gelang dies mir und was sagt dieser Erfolg über mich aus?

_____

_____

7 Leben und arbeiten ohne Stress: Was tun und was vermeiden?

Es ist Zeit, noch einmal über alles nachzudenken, was wir in diesem Trainingsbuch besprochen haben. Denke bitte an all die negativen Erscheinungen von Stress und an die Stressoren, die ihn auslösen. Und denke gleichzeitig an all die positiven und konstruktiven Möglichkeiten, Stressoren zu vermeiden, die wir in diesem Buch besprochen haben. Wenn du darüber nachdenkst, wirst du auf eine Reihe von Dingen kommen, die du für dich persönlich tun kannst oder die du vermeiden möchtest, wenn du deinem Stress aus dem Wege gehen willst. Und das ist ja dein Ziel!

Die folgende Seite ist dafür gedacht, dass du dir mindestens fünf Sachen aufschreibst, die du tun und die du vermeiden möchtest, und darunter zu notieren, welche Wirkungen dein Handeln haben soll.

Manche finden es hilfreich, eine solche Liste auf eine Karteikarte zu übertragen und sie ständig bei sich zu tragen oder an die Wand zu heften. Sie können dann in der Pause, im Bus oder zu Hause bei Bedarf ihre Liste durchlesen und sich dabei erinnern, was zu tun ist, um den Stress zu bewältigen.

Das will ich nicht vergessen

Was ich tun werde	Was ich vermeiden will
Was es bewirkt	**Wegen folgender Wirkungen**

Hier ein Beispiel von Michael, 12 Jahre alt, mit seiner Erlaubnis zeige ich dir seine Liste:

Was ich tue

Ich denke realistisch über bestimmte Situationen nach.

Ich glaube an mich.

Ich spreche mit Freunden und Eltern, wenn ich Hilfe brauche.

Ich gehe joggen, wenn ich mich angespannt fühle.

Ich atme 10-mal hintereinander tief ein und aus, wenn ich merke, dass ich unter Stress stehe.

Ich erinnere mich daran, dass ich die meisten Probleme erfolgreich löse und dass die Dinge in meinem Leben gut laufen.

Ich mache die Hausarbeiten nicht in der letzten Minute.

Ich esse regelmäßig.

Ich schreibe jeden Tag die Dinge auf, die ich erreicht habe.

Die Wirkungen

Ich gewinne mehr in Vertrauen in mich selbst und in meine Fähigkeiten.

Ich komme besser mit meiner Familie zurecht.

Ich werde ruhiger.

Ich kann besser mit Problemen und mit Situationen umgehen.

Ich bin besser organisiert.

Ich habe weniger Ärger in der Schule.

Ich lebe gesünder.

Ich habe bessere und stabilere Noten in der Schule.

Ich bin weniger gestresst.

Was ich vermeide

Einen Bogen um Schwierigkeiten zu machen.

Sachen aufzuschieben.

Meinen Ärger an anderen auszulassen.

Probleme aufzubauschen.

Immer das Schlimmste zu befürchten.

Gedanken zu machen über „was wäre, wenn …"

Zu denken, ich tauge nichts.

Schule zu schwänzen.

Zu viel Ungesundes zu essen.

Weil es folgende Wirkungen hätte

Neuen und noch mehr Stress.

Mich als Versager zu fühlen.

Mein Selbstbewusstsein ist schwach.

Ich gerate mit meiner Familie aneinander.

Ich bringe die Familie durcheinander.

Ich hab Schwierigkeiten in der Schule.

Ich bin in der Schule nicht so gut, wie ich sein könnte.

Mein körperlicher Zustand ist schlecht.

Ich fühle mich blöd und schuldig.

Ich hasse mich!

Mein Gewicht nimmt zu.

Ich kann mich selbst nicht mehr leiden.

Bis jetzt hast du dir in dieser Liste allgemeine Dinge notiert, die du für wichtig hältst, um Stress zu vermeiden, und was passieren würde, wenn du nicht auf entsprechende Dinge achtest.

Das waren allgemeine Aussagen. Nun hatte ich im vierten Kapitel den allgemeinen Begriff Stress dadurch anschaulicher gemacht, dass ich verschiedene Stressoren unterschieden habe, die in unterschiedlichen Situationen als Stress erzeugende Ursachen auftauchen können. Ich bitte dich jetzt, in einer neuen Liste links die Stressoren aufzuführen, die dir den meisten Ärger bereiten, und rechts zu notieren, welche Techniken du verwenden wirst, um diese Stressoren aus dem Spiel zu kicken.

Meine Stressoren	Wie ich ihnen begegne

8 Den Sack zubinden!

In den zurückliegenden Kapiteln bin ich mit dir eine Reihe von Methoden durchgegangen, wie du deinen Stress unter Kontrolle bekommen kannst. Jetzt geht es für dich darum, diese Methoden in deinem alltäglichen Leben anzuwenden. Vergiss dabei bitte nicht, dass du nicht alle diese Methoden brauchst, sondern nur die anwendest, die für dich und deinen Stress von Bedeutung sind.

Denn erinnere dich:

Nur DU kannst es verändern, wie du auf Stress reagierst!

DU hast die Kontrolle über Situationen, die Stress verursachen!

DU hast die Power, damit fertigzuwerden!

Bevor wir dieses Trainingsbuch beenden, wollen wir das Gelernte noch einmal kurz wiederholen.

Bitte schreibe fünf Dinge auf, die du über deinen Stress gelernt hast und wie du ihn unter Kontrolle bringen kannst.

Was ich über meinen Stress gelernt habe

Jetzt bitte ich dich, deine neuen Erkenntnisse auf eine Situation anzuwenden, in der du Stress erlebt hast. Beantworte dazu bitte die Fragen im folgenden Kasten.

Erinnere dich bitte an eine Situation in der letzten Zeit, als du unter starkem Stress gestanden hast.

Frage: Was ist passiert?

_____

_____

Frage: Was ist dir zu dieser Situation eingefallen?

_____

_____

Frage: Wie hast du dich dabei gefühlt?

_____

_____

Frage: Was hast du getan?

_____

_____

Frage: Wie war die Wirkung davon auf dich und andere Beteiligte?

_____

_____

Frage: Hättest du auch anders mit der Situation umgehen können? Und auf welche Weise?

_____

_____

Und zum Abschluss möchte ich dir das folgende Quiz vorschlagen, damit du dir selbst einen Überblick darüber machen kannst, was du aus unserer gemeinsamen Arbeit behalten hast.

Das Stress-Quiz

1. **Bitte nenne drei Folgen von Stress auf deinen Körper.**

_____

_____

2. **Kämpfen, flüchten – wie lautet das dritte fehlende Wort?**

   (a) die Augen zumachen   (b) sich tot stellen   (c) diskutieren

3. **Nenne drei typische Denkfehler.**

_____

_____

4. **Die Sache, die in einer bestimmten Situation Stress auslöst, wie nennen wir sie?**

   (a) Frusterzeuger   (b) Stressor   (c) Nervtöter

5. **Welche der folgenden Punkte können deine Fähigkeit beeinflussen, deinen Stress zu kontrollieren?**

   (a) Vergangene Erfahrungen
   (b) Mehrere Stressoren, die gleichzeitig auftauchen
   (c) Das, was du von dir selbst und deiner Umwelt hältst
   (d) Alle diese genannten Faktoren

6. **Nenne drei schädliche Verhaltensweisen, mit deinem Stress umzugehen.**

   _____

   _____

7. **Wir haben von einem Stress erzeugenden Kreislauf gesprochen. Er besteht aus fünf Teilen. Fallen sie dir ein? Schreibe sie bitte untereinander auf oder beschreibe den Kreislauf in einem Schaubild.**

8. **Nenne bitte eine Frage, die du dir immer stellen solltest, wenn du auf eine Stress erzeugende Situation triffst.**

   _____

   _____

9. **Wer oder was hat die Kontrolle über deinen Stress?**

   (a) Ein Ort   (b) Eine andere Person   (c) Eine Situation   (d) Du selbst

Wenn du den Anhang dieses Buches aufschlägst (S. 94), dann kannst du deine Lösungen mit denen vergleichen, die ich für die richtigen halte.

Hier möchte ich dir noch einen Vorschlag zu einer Aktion machen, mit der du kreativ vertiefen kannst, was du gelernt hast!

Anderen jungen Menschen bei Stress helfen

Wenn du andere Leidensgenossen über Stress aufklären und zeigen möchtest, wie er zu bewältigen ist, welchen Weg würdest du wählen?
Ich würde:

* eine Web-Seite entwerfen und ihnen auf diese Weise einen Zugang verschaffen.
* Plakate entwerfen und sie in meiner Schule aufhängen.
* einen Fernseh-Spot entwerfen, der anderen Mut macht, ihr Problem anzupacken.
* einen kurzen Vortrag mir überlegen, den ich in meiner Klasse halte.
* für das Schultheater einige Spielszenen entwerfen.

Hier im Anschluss kannst du noch einige Gedanken skizzieren, wie du dir die Umsetzung deiner Ideen vorstellst. Und wenn du noch mehr Platz brauchst, um deine Ideen auszuarbeiten, dann wunderbar, hole dir einfach Notizpapier oder deinen Computer. Du kannst sicher sein, dass du genügend Leidensgenossen finden wirst, die dir für deine Aktion dankbar sind!

Im dritten Kapitel hatte ich dir unter der Überschrift: „Den eigenen Stress kennenlernen" einen Fragebogen vorgelegt, den du ausgefüllt hast, um dir selbst über die Situation klarer zu werden, in der du dich befindest. Diesen Fragebogen möchte ich dir am Ende unserer gemeinsamen Arbeit noch einmal vorlegen und dich bitten, ihn so auszufüllen, wie du deine Situation jetzt einschätzt.

Dann kannst du vergleichen, ob sich zwischen dem Beginn und dem Ende unserer gemeinsamen Arbeit etwas verändert hat. Am Schluss des Fragebogens wirst du noch drei weitere Fragen finden – lege los und schau, was sich alles getan hat!

Mein Stress-Fragebogen

1. Wie oft fühlst du dich unter Stress?

Bitte kreuze an, welche der vorgegebenen Antwortmöglichkeiten auf dich zutrifft:

☐ eigentlich die meiste Zeit
☐ öfters
☐ manchmal
☐ selten
☐ niemals

2. Bitte mache dir Gedanken über die folgenden möglichen Quellen für Stresser-scheinungen. Bewerte sie auf einer Skala zwischen 0 und 10, wobei 0 bedeutet, dass sie deiner Meinung nach keinesfalls Stress erzeugend sind, während 10 bedeutet, dass sie immer wieder sehr viel Stress bewirken.

Mögliche Quellen	Einschät-zung 0–10	Mögliche Quellen	Einschät-zung 0–10
Situation in der Schule		Meine Arbeit	
Situation in der Familie		Verliebtsein	
Freundschaften mit Gleichaltrigen		Was andere von mir halten	
Mobbing		Veränderungen in meinem Alltag	
Falsche Selbsteinschätzungen		Druck, den Gleichaltrige auf mich ausüben	
Gedanken über meine Zukunft		Verhalten anderer	
Gesundheitsprobleme von Bekannten		Mein Gesundheitszustand	
Meine Pflichten im Alltag		Meine Wohnverhältnisse	
Kriminalität und Sicherheit		Umgang mit neuen Medien	
Internationale Politik und Weltlage		Examen	

3. *Denke bitte darüber nach, was in deinem Körper geschieht, wenn du dich unter Stress gesetzt fühlst. Schraffiere bitte die Kästen mit den einzelnen Erscheinungsformen, die dich betreffen.*

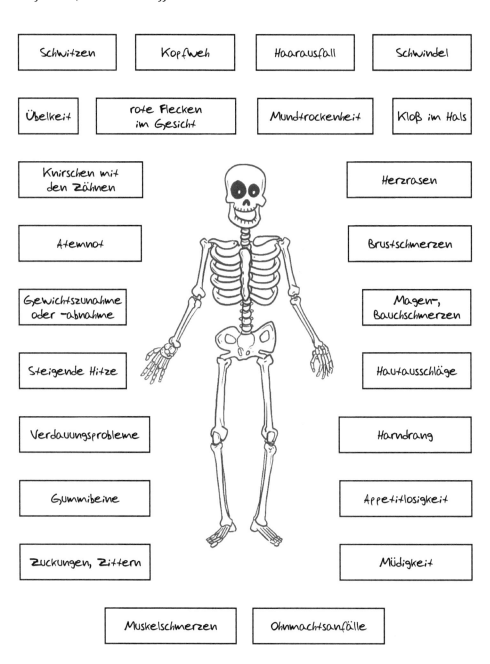

Schwitzen

Kopfweh

Haarausfall

Schwindel

Übelkeit

rote Flecken im Gesicht

Mundtrockenheit

Kloß im Hals

Knirschen mit den Zähnen

Herzrasen

Atemnot

Brustschmerzen

Gewichtszunahme oder -abnahme

Magen-, Bauchschmerzen

Steigende Hitze

Hautausschläge

Verdauungsprobleme

Harndrang

Gummibeine

Appetitlosigkeit

Zuckungen, Zittern

Müdigkeit

Muskelschmerzen

Ohnmachtsanfälle

4. *Wenn du unter Stress stehst: Kommt dir dann der eine oder andere der folgenden angeführten Gedanken? Wenn das der Fall ist, dann schraffiere bitte den entsprechenden Kasten.*

Ich denke lauter negative Sachen über mich.

Ich frage mich, was könnte mir alles noch Schreckliches passieren.

Ich denke oft, „was wäre, wenn…"

Ich denke manchmal darüber nach, mich selbst zu verletzen.

Ich denke immer wieder über die schlimmsten Fälle nach, die mir passieren könnten.

Ich fordere von mir selbst Dinge, die eigentlich unmöglich sind.

Ich vergleiche mich immer wieder mit anderen und ziehe dabei den Kürzeren.

Ich befürchte immer wieder schlimme Dinge, die sich dann nicht wirklich ereignen.

Ich ziehe voreilig Schlüsse.

Ich erblicke in jeder Situation immer nur das Negative.

Ich mache mir unrealistische Vorstellungen von meiner Lage.

Ich bausche Sachen riesengroß auf.

Ich zweifle an mir selbst.

Ich denke immer wieder: „Das kann ich doch nicht!"

5. *Passiert es dir immer wieder, dass du unter Stress auf die eine oder andere folgende Weise dich verhältst?*

Bitte markiere dieses Verhalten mit einem Kreuz.

☐ Ich mache einen Bogen um bestimmte Dinge.

☐ Ich verletze mich selbst.

☐ Ich mache blöde Sachen, um andere auf mich aufmerksam zu machen.

☐ Ich staue meine Angst oder meinen Ärger innerlich an, bis das Fass überläuft.

☐ Ich traue mich nicht aus meinem Bett.

☐ Ich schiebe Sachen auf die lange Bank, die mir Schwierigkeiten bereiten könnten.

☐ Ich vermeide den Kontakt mit anderen Personen, beispielsweise mit meiner Familie oder mit Freunden.

☐ Ich bestreite, dass ich ein Problem habe.

☐ Ich vermeide es, Entscheidungen zu treffen.

☐ Ich nehme an Saufgelagen teil.

☐ Ich trinke heimlich Alkohol.

☐ Ich werfe mir immer wieder eine Pille ein.

☐ Ich mache Fehler, die mir sonst nie passieren.

☐ Sehenden Augen mache ich Sachen, von denen ich weiß, dass sie mir Ärger bereiten.

☐ Ich schwänze die Schule.

☐ Ich heule heimlich in mein Kissen.

☐ Ich reagiere aggressiv auf manche Kleinigkeiten.

☐ Ich traue mich nicht aus dem Haus.

☐ Ich bin manchmal blind gegenüber meinen Problemen.

☐ Ich habe keinen Hunger und schiebe mein Essen weg.

☐ Ich rauche.

☐ Ich mache Sachen, die verboten sind und bestraft werden.

☐ Nach dem Essen stecke ich häufig einen Finger in den Mund, um mich zu übergeben.

☐ Ich blende aus, wie ich mich bei anderen fühle.

☐ Ich befolge in übertriebener Weise Gewohnheiten oder Rituale.

6. Hast du an dir selbst noch weitere Verhaltensweisen bemerkt, wenn du unter Stress stehst? Notiere sie hier bitte.

_____

_____

_____

7. Wie fühlst du dich ganz allgemein, wenn du unter Stress stehst? Bitte schraffiere die entsprechenden Gefühle.

- Ich bin aufgebracht.
- Ich fühle mich wertlos.
- Ich bin aufgeregt.
- Ich fühle mich niedergeschlagen.
- Ich habe kein Vertrauen.
- Ich fühle mich unter Druck.
- Ich fühle mich unterlegen.
- Ich bin wütend.
- Ich bin traurig.
- Ich fühle mich einsam.
- Ich fühle mich schuldig.
- Ich fühle mich unsicher.
- Ich bin verwirrt.
- Ich gerate in Panik.
- Ich weiß nicht mehr, was los ist.
- Ich bin nervös.
- Ich fühle mich an den Rand gedrängt.
- Ich habe die Kontrolle verloren.
- Ich fühle mich schrecklich.
- Ich fühle mich als Versager.
- Ich bin unglücklich.
- Ich bin voller Angst.
- Dauernd muss ich mich verteidigen.
- Ich misstraue den anderen.
- Ich fühle mich wie in einer Falle.

8. Wenn du die einzelnen Gefühle, Gedanken und Verhaltensweisen anschaust, die du bisher schraffiert oder angekreuzt hast, wie beeinflussen sie die folgenden Bereiche deines alltäglichen Lebens? Markiere bitte die Bereiche, die vom Stress betroffen sind.

Stress betrifft meine Gesundheit.	Stress betrifft mein seelisches Wohlbefinden.
Stress betrifft meine Beziehungen in der Familie.	Stress betrifft meine Beziehungen zu Freundinnen und Freunden.
Stress betrifft meine Leistungen in der Schule/in der Arbeit/ in der Freizeit.	
Stress betrifft meine Bereitschaft, mich auf Dinge einzulassen.	Stress betrifft meine Liebesbeziehungen.
Stress betrifft meine Fähigkeit, mich zu konzentrieren.	Stress betrifft mein Erinnerungsvermögen.

9. Hast du Veränderungen festgestellt zwischen dem, was du damals ausgefüllt hast, und heute?

ja ☐   nein ☐

10. Wenn es Veränderungen gegeben hat, worin bestehen sie?

_____

_____

11. Welche Ziele setzt du dir für die nächste Zukunft?

_____

_____

Ich hoffe sehr, dass sich deine Situation im Vergleich zu „damals" verbessert hat. Wenn du an dir und deinem Umgang mit Stress arbeitest, dann schau dir von Zeit zu Zeit diesen Fragebogen an, um deine Fortschritte festzustellen.

Aber sei bitte auch geduldig mit dir. Du wirst deine Situation nicht von heute auf morgen ändern können. Und denke daran: „Keiner von uns ist perfekt!"

Und erinnere dich ...

Das Leben kann hin und wieder schwierig sein!
Aber du hast die Kontrolle, wie du reagierst, wenn Stressoren auftauchen!
Du hast die Kontrolle über deinen Stress und kannst ihn bewältigen!
Glaube an dich!

Ich wünsche dir viel Erfolg bei deiner Arbeit!

Anhang

Auflösung: Wo Stressoren herkommen
von S. 34 f.

Stressor	a oder i	Stressor	a oder i
Eigene Krankheiten	i	Schmerzen haben	i
Ich werde niedergemacht	a	Veränderungen im Leben	a
Meine Schule/Ausbildung	a	Beziehungen	a
Ich halte nicht viel von mir	i	Konflikte	a
Pubertät	i	Kriminalität und Sicherheit	a
Meine Eltern haben sich getrennt	a	Mobbing	a
Selbsterwartungen	i	Examen, Prüfungen	a
Ich bin arbeitslos	a	Müdigkeit	i
Niedergeschlagenheit	i	körperlich beeinträchtigt sein	i
Wir ziehen um	a	Medienwelt	a
Andere erwarten zu viel von mir	a	Meine Gruppe setzt mich unter Druck	a
Lärm	a	Der Tod eines Freundes oder einer Freundin	a
Andere Menschen und ihr Verhalten	a	Verpflichtungen gegenüber anderen	a
Meine Arbeit	a	Außerschulische Aktivitäten	a
Meine Sexualität	i	Homophobie	a
Geldsorgen	a	Rassismus	a
Arbeitsbelastung	a	Meine Eltern stehen unter Druck	a
Wie ich aussehe	i	Regeln und Gesetze	a

Auflösung der Stress-Quizfragen
von S. 83 f.

1. Körperliche Folgeerscheinungen bei Stress sind in der Liste „Probleme körperlicher Art" in Kap. 1 aufgeführt wie Appetitlosigkeit, Dauermüdigkeit und Zähneknirschen.

2. (b) sich tot stellen

3. Typische Denkfehler finden sich in Kap. 5 wie das eigene Scheitern voraussehen, das Schlimmste annehmen oder bei Vergleichen mit anderen immer schlecht abschneiden.

4. (b) Stressor

5. (d) alle

6. Wie man sich bei Stress falsch verhalten kann, steht in der Liste „Probleme im Verhalten" in Kap. 1, z. B. Ärger anhäufen, Dinge auf die lange Bank schieben, Heißhunger entwickeln.

7. Stressor, Gedanken, körperliche Symptome, Gefühle und Verhalten, siehe auch das Schaubild auf S. 39.

8. Du kannst auch Fragen nehmen aus den Gedankenblasen von S. 49 f., beispielsweise: „Lassen sich meine Gedanken auf Tatsachen begründen?"

9. d) Du selbst

Literatur

Iwan Petrowitsch Pawlow (1849–1936) war im 20. Jahrhundert ein bekannter russischer Psychologe und Nobelpreisträger. Er entdeckte bestimmte Formen menschlichen Lernens am Verhalten von Hunden, bei denen bereits beim Anblick von Futter das Maul schon voller Speichel läuft. Bei uns Menschen kann es passieren, dass der Speichelfluss angeregt wird, wenn wir nur daran denken, in eine Zitrone beißen zu wollen. Seine Forschungen erschienen in deutscher Sprache in acht Bänden zwischen 1953 und 1956. Das für uns wichtige Werk über die „bedingten Reflexe" wurde 1972 ins Deutsche übersetzt.

Burrhus Frederic Skinner (1904–1990) entwickelte die Lehre Pawlows vom „konditionierten Lernen durch Versuch und Irrtum und durch Lernen am Erfolg" weiter und gilt als einer der Väter des programmierten Unterrichts. Sein Roman „Futurum Zwei" (1948) entwirft eine futuristische neue Welt, in der Aggressionen durch eine umfassende Verhaltenskontrolle ausgeschaltet werden. *The Behavior of Organisms* erschien 1938 in New York.

Des Weiteren:

Beck, A.T. (1976). *Cognitive Therapy and the Emotional Disorders.* New York: International Universities Press.

Ellis, A. (1962). *Reason and Emotion in Psychotherapy.* New York: Lyle Stuart.

National Institute for Clinical Excellence (NICE) (2005a). Depression in Children and Young People. Identification and Management in Primary, Community and Secondary Care. *Clinical Guideline, 28.* www.nice.org. uk/guidance/CG29 [02.01.2013]

National Institute for Clinical Excellence (NICE) (2005b). Obsessive Compulsive Disorder: core interventions in the treatment of obsessive compulsive disorder and body dysmorphic disorder. *Clinical Guideline, 31.* www. nice.org.uk/guidance/CG31 [02.01.2013]

NSPCC (2009). One in three children feel some distress most of the time. NSPCC Press Release, 19 October. www.nspcc.org.uk/news-and-views/media-centre/press-releases/2009/09-10-19-one-in-three-children-feel-some-distress/09-10-19_one_in_three_children_feel_some_distress_most_of_the_time_wdn75033.html. [20.09.2012]